CLEAN JAVASCRIPT

Aprende a aplicar Código Limpio, SOLID y Testing

Miguel A. Gómez

A Eliza, por su infinita paciencia.

Índice general

Prefacio

JavaScript se ha convertido en uno de los lenguajes más utilizados del mundo, se encuentra en infraestructuras críticas de empresas muy importantes (Facebook, Netflix o Uber lo utilizan).

Por esta razón, se ha vuelto indispensable la necesidad de escribir código de mayor calidad y legibilidad. Y es que, los desarrolladores, por norma general, solemos escribir código sin la intención explícita de que vaya a ser entendido por otra persona, ya que la mayoría de las veces nos centramos simplemente en implementar una solución que funcione y que resuelva el problema. La mayoría de las veces, tratar de entender el código de un tercero o incluso el que escribimos nosotros mismos hace tan solo unas semanas, se puede volver una tarea realmente difícil.

Este libro pretende ser una referencia concisa de cómo aplicar *clean code*, *SOLID*, *unit testing* y *TDD*, para aprender a escribir código JavaScript más legible, mantenible y tolerante a cambios. En este encontrarás múltiples referencias a otros autores y ejemplos sencillos que, sin duda, te ayudarán a encontrar el camino para convertirte en un mejor desarrollador.

Qué no es este libro

Antes de leer este libro tengo que decirte que su objetivo no es enseñar a programar desde cero, sino que intento exponer de forma clara y concisa cuestiones fundamentales relacionadas con buenas prácticas para mejorar tu código JavaScript.

Sobre el autor

Mi nombre es Miguel A. Gómez, soy de Tenerife y estudié ingeniería en Radioelectrónica e Ingeniería en Informática. Me considero un artesano de software (**Software Craftsman**), sin los dogmatismos propios de la comunidad, con el foco puesto en la calidad del código y en el desarrollo blockchain.

Actualmente trabajo como **Senior Software Engineer** en una *startup* estadounidense dedicada al desarrollo de soluciones software para el sector de la abogacía, en la cual he participado como desarrollador principal en diferentes proyectos.

Entre los puestos más importantes destacan **desarrollador móvil multiplataforma con Xamarin y C#** y el de desarrollador **fullStack**, el puesto que desempeño actualmente. En este último, aplico un estilo de programación híbrido entre orientación a objetos y programación funcional reactiva (FRP), tanto para el **frontend** con Typescript, RxJS y ReactJS, como para el **backend** con **Typescript, NodeJS, RxJS y MongoDB**, además de gestionar los procesos DevOps con **Docker** y **Azure**.

Por otro lado, soy cofundador de la start-up Omnirooms.com[1], un proyecto con el cual pretendemos eliminar las barreras con las que se encuentran las personas con movilidad reducida a la hora de reservar sus vacaciones.

Además, soy fundador de SoftwareCrafters.io, una comunidad sobre artesanía del software, DevOps y tecnologías software con aspiraciones a plataforma de formación y consultoría.

---

[1]https://www.omnirooms.com

Software Crafters, la newsletter

Todas las semanas envío varios emails con consejos para subir de nivel como developer. Semana que estás fuera, consejos que te pierdes.

Aprenderás a escribir mejor código gracias a arquitectos en torres de marfil, barcos que se hunden y a developers que desarrollan lenguajes en 10 días ...

Estoy seguro que no te dejará indiferente. Apúntate escaneando el código QR que tienes a continuación o en el siguiente enlace[1].

---

[1]https://softwarecrafters.io/

Un lenguaje creado en 10 días

Brendan Eich creó JavaScript en 10 días a toda prisa, durmiendo poco y hasta arriba de cafeína.

Debido a ello hemos sufrido las deficiencias en su diseño durante años. Pero, ¿a qué venía tanta urgencia por lanzarlo al mercado? Bien, contextualicemos.

"La web no tendrá ningún futuro".

Esas fueron las palabras de Bill Gates a principios de los 90, pero no tardó mucho en darse cuenta de que se las tragaría. A finales de 1994 estaba tocando en la puerta de Netscape, para intentar comprarlo.

Sus dueños que de aquellas no querían saber nada, ni de Bill Gates, ni de Microsoft, ni de su ridícula oferta, le cerraron la puerta en las narices.

Por aquel entonces la web estaba empezando a ganar popularidad y Netscape Navigator era el navegador más usado, prácticamente era un estándar.

Microsoft tenía dos opciones: Comprarlo o copiarlo.

En ese momento el equipo de Netscape ya estaba planteándose la idea de hacer programable el browser para ofrecer una experiencia más interactiva a los usuarios. Brendan Eich, que había sido contratado un año antes, estaba trabajando en integrar Scheme como el lenguaje para la web.

Pero después de rechazar la oferta de Microsoft todo cambió. La sensación de urgencia se apoderó del equipo de Netscape, el ritmo se volvió frenético. Sabían que Microsoft iba a copiarlos y tratar de hacerse con el mercado.

De pronto los managers le pusieron como restricción al bueno de Brendan que el nuevo lenguaje debía parecerse a C y Java. Imperativo, con llaves y puntos y comas.

La opción de integrar Scheme se había esfumado, pero aún así Eich se empeñó en añadir algunas características de este lenguaje, como que las funciones fueran 'ciudadanos de primera clase'.

Esto significa que las funciones se pueden tratar como cualquier otro valor. Es decir, se pueden almacenar en variables, pasar como argumento o devolver desde otras funciones, sin ningún tratamiento especial. En mi opinión esta es una de las mejores características que tiene JavaScript.

Un jueves por la noche, a principios de Mayo de 1995, Brendan empezó a trabajar en la primera versión del lenguaje. Diez días después, tras mucho café y pocas horas de sueño, había nacido la primera versión de Mocha.

Así fue como lo bautizaron en un primer momento, luego lo renombraron a LiveScript, para finalmente llamarlo JavaScript.

En mi opinión una estrategia de marketing bastante pobre, la idea de este nombre era para aprovechar el tirón que estaba teniendo Java en aquel momento. Una estrategia que confundió a generaciones de programadores, ya que nada tiene que ver un lenguaje con el otro, más allá de las llaves y los puntos y comas.

Después de esos 10 días locos algunos early adopters internos querían que el lenguaje realizara conversiones implícitas de tipos. El objetivo era poder realizar operaciones entre diferentes tipos, por ejemplo, comparar un número con un string. A esto se le conoce como coerción y es uno de los errores de diseño iniciales de los que Brendan Eich más se arrepiente.

Esta funcionalidad permite obtener resultados tan sorprendentes como estos:

Javascript

```
console.log(1 == "1")    //true
console.log([] == [])    //false
console.log([] == "")    //true
console.log(3 - "1")     //2
console.log(3 + "1")     //"31"
```

O tan desconcertantes como estos otros:

Javascript

```
console.log(NaN === NaN)
//false
console.log([1, 2, 3] + [4, 5, 6])
//"1,2,34,5,6"
console.log([] + {})
```

```
//"[object Object]"
console.log("b" + "a" + +"a" + "a")
// "baNaNa"
```

El error del billón de dólares

"Hola null", seguro que en más de un email o app te han saludado así. O quizás en tu propio código te has encontrado con problemas de este tipo:

Javascript

```
TypeError: null is not an object

TypeError: null or undefined has no properties
```

Esto sucede cuando se propaga el valor nulo por la aplicación y se genera una excepción no controlada. A pesar de estos errores seguimos usando *null* alegremente en nuestro código.

La cosa empeora en JavaScript porque además de null tenemos undefined, dos valores para indicar la ausencia de valor. Qué podría salir mal...

La sentencia null nació por un hecho fortuito en la década de 1960. Tony Hoare, ganador del premio Turing, lo agregó al lenguaje ALGOL W, porque en aquel momento le parecía práctico y sencillo de implementar. Varias décadas después mostró su arrepentimiento.

Estas fueron sus palabras:

"Lo llamo mi error del billón de dólares... En aquella época, estaba diseñando el primer sistema de tipos estáticos para un lenguaje orientado a objetos. Mi objetivo era garantizar que todo uso de referencias fuera absolutamente seguro, con una verificación realizada automáticamente por el compilador. Pero no pude resistir la tentación de habilitar las referencias a null, simplemente porque era muy fácil de implementar. Esto ha llevado a innumerables errores, vulnerabilidades y fallas en los sistemas. Lo que probablemente ha causado miles de millones de dólares de dolor y daños en los últimos cuarenta años".

Tony Hoare, en la Qcon Conference de Londres en 2009.

Asignar valores a null es un problema, pero devolverlos en funciones aún lo es más. Ya que obliga al cliente a preguntar si la respuesta es nula para tomar la decisión de qué flujo debe continuar. Esto provoca un acoplamiento oculto entre la API y quien la utiliza.

En un buen diseño debemos buscar el mínimo acoplamiento y la máxima cohesión. Además, cuando devolvemos null lo único que conseguiremos es que se propague un estilo de programación defensiva a lo largo de nuestro código, lo que empeora la legibilidad e incrementa la complejidad accidental.

Muchos lenguajes añaden azúcar sintáctico para preguntar por los nulos, mediante operadores como el Elvis o null coalescing operator. Esto no significa que nos quiten de encima las comprobaciones ni los peligros de trabajar con null o undefined, simplemente simplifican su sintaxis.

Un bug que no se puede arreglar

En JavaScript para representar la ausencia de valores tenemos el null y el undefined, dos tipos para prácticamente lo mismo. Con lo que los problemas se duplican. O triplican, porque la cosa no queda ahí.

Para más confusión si ejecutas *typeof(null)* el resultado será *object*, mientras que *typeof(undefined)* es *undefined*, un tipo primitivo. ¿A qué se debe esto?

Empecemos por el principio y veamos qué dice la MDN sobre los tipos primitivos:

En JavaScript, un primitive (valor primitivo, tipo de dato primitivo) son datos que no son un objeto y no tienen métodos. Hay 6 tipos de datos primitivos: string, number, bigint, boolean, undefined y symbol.

Hasta ahí todo bien, pero luego dice esto:

También hay null, que aparentemente es primitivo, pero de hecho es un caso especial para cada Object: y cualquier tipo estructurado se deriva de null por la Cadena de prototipos.

Según esto, podrías pensar que null tiene algunas propiedades de los objetos, como por ejemplo que al pasarlo como argumento de una función se hace por referencia en lugar de por valor.

O cualquier otra propiedad, lo cual sería absurdo. Y es que null es simplemente un primitivo, no es un caso especial de object.

La documentación de Mozilla está mal, aunque muchos developers seguirán usándola para defender sus argumentos. Pero a veces hasta la autoridad se equivoca.

Toda esta confusión proviene de un bug que hay en la función typeof. Y es que al bueno de Brendan Eich se le "olvidó" añadir en esta función una comprobación explícita del tipo null y el valor que devolvía la implementación por defecto era object. Cosas que pasan cuando vas a toda prisa, durmiendo poco y con mucho café.

Se trata de un error que desgraciadamente no se puede corregir, porque rompería el código existente.

Por errores de diseño como este y los que hemos visto, además de otros que comentaremos más adelante, es fundamental aplicar buenas prácticas en el código y a escribir tests de calidad.

Precisamente de esto trata este libro.

SECCIÓN I: CLEAN CODE

Introducción

"La fortaleza y la debilidad de JavaScript reside en que te permite hacer cualquier cosa, tanto para bien como para mal". – Reginald Braithwaite[1]

En los últimos años, JavaScript se ha convertido en uno de los lenguajes más utilizados del mundo. Su principal ventaja, y a la vez su mayor debilidad, es su versatilidad.

Esa gran versatilidad ha derivado en algunas malas prácticas que se han ido extendiendo en la comunidad.

Aún así, JavaScript se encuentra en infraestructuras críticas de empresas muy importantes[2] (Facebook, Netflix o Uber lo utilizan), en las cuales limitar los costes derivados del mantenimiento del software se vuelve esencial.

El coste total de un producto *software* viene dado por la suma de los costes de desarrollo y de mantenimiento, siendo este último mucho más elevado que el coste del propio desarrollo inicial.

A su vez, como expone Kent Beck en su libro *Implementation Patterns*[3], el coste de mantenimiento viene dado por la suma de los costes de entender el código, cambiarlo, testearlo y desplegarlo.

---

[1]https://twitter.com/raganwald
[2]https://stackshare.io/javascript
[3]https://amzn.to/2BHRU8P

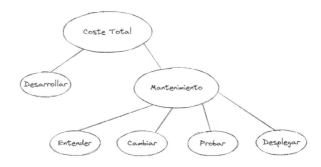

Además de los costes mencionados, Dan North[4] famoso por ser uno de los creadores de BDD (*Behavior Driven Development*), también hace hincapié en el coste de oportunidad y en el coste por el retraso en las entregas.

Aunque en este libro no voy a entrar en temas relacionados con la gestión de proyectos, si que creo que es importante ser conscientes de cuales son los costes que generamos los desarrolladores y sobre todo en qué podemos hacer para minimizarlos.

En la primera parte del libro trataré de exponer algunas maneras de minimizar el coste relacionado con la parte de entender el código, para ello trataré de sintetizar y ampliar algunos de los conceptos relacionados con esto que exponen Robert C. Martin, Kent Beck, Ward Cunningham[5] sobre Clean Code y otros autores aplicándolos a JavaScript.

Además abordaré algunos conceptos propios del lenguaje que, una vez comprendidos, nos ayudarán a diseñar mejor software.

En la segunda parte veremos cómo los principios SOLID nos pueden ayudar a escribir código mucho más intuitivo que nos ayudará a reducir los costes de mantenimiento relacionados con la tolerancia al cambio de nuestro código.

En la tercera y última parte, trataremos de ver cómo nos pueden ayudar los test unitarios y el diseño dirigido por test (TDD) a escribir código de mayor calidad y robustez, lo cual nos ayudará, además de a prevenir la deuda técnica, a minimizar el coste relacionado con testear el software.

[4]https://twitter.com/tastapod
[5]https://twitter.com/WardCunningham

Deuda técnica

"Todo el mundo debería saber que la mala calidad software al final se acaba pagando.". – Ward Cunningham

Podemos considerar la deuda técnica como una metáfora que trata de explicar que la falta de calidad en el código de un proyecto *software* genera una deuda que repercutirá en sobrecostes futuros. Dichos sobrecostes están directamente relacionados con la tolerancia al cambio del sistema *software* en cuestión.

El concepto de deuda técnica fue introducido en primera instancia por Ward Cunningham en la conferencia OOPSLA del año 1992. Desde entonces, diferentes autores han tratado de extender la metáfora para abarcar más conceptos económicos y otras situaciones en el ciclo de vida del *software*.

Tipos de deuda

Según Martin Fowler, la deuda técnica se puede clasificar en cuatro tipos dependiendo de dónde proviene. Para ilustrarlo confeccionó lo que se conoce como el cuadrante de la deuda técnica:

	Imprudente	Prudente
Deliberada	"No tenemos tiempo para hacer tests"	"Entregaremos cuanto antes y lidiaremos con las consecuencias"
Inadvertida	"¿Qué es el refactoring?"	"Ahora sabemos cómo teníamos que haberlo desarrollado"

- **Deuda imprudente y deliberada:** En este tipo de deuda el desarrollador actúa conscientemente de forma imprudente y deliberada. Esto suele derivar en un proyecto de mala calidad y poco tolerante al cambio.

- **Deuda imprudente e inadvertida:** Es probable que esta sea el tipo de deuda más peligrosa, ya que es generada desde el desconocimiento y la falta de experiencia. Normalmente suele ser generada por un desarrollador con un perfil júnior o lo que es peor, un falso sénior.

- **Deuda prudente y deliberada:** Es el tipo de deuda a la que se refería Ward Cunningham cuando decía que un poco de deuda técnica puede venir bien para acelerar el desarrollo de un proyecto, siempre y cuando esta se pague lo antes posible. El peligro viene con la deuda que no se paga, ya que cuanto más tiempo pasamos con código incorrecto, más se incrementan los intereses.

- **La deuda prudente e inadvertida:** Es común que se de en la mayoría de los proyectos, ya que esta está relacionada con los conocimientos adquiridos por el propio programador a lo largo del desarrollo del proyecto, el cual llega un momento en el que se hace consciente de que podía haber optado por un diseño mejor. Llegado ese momento es necesario evaluar si la deuda adquirida se debe de pagar o si se puede posponer.

Refactoring, las deudas se pagan

Tal y como hemos visto, a pesar de sus repercusiones negativas, incurrir en deuda técnica es a menudo inevitable. En esos casos, debemos asegurarnos de que somos conscientes de las implicaciones y tratar, como buen Lannister, de pagar la deuda tan pronto como sea posible. Pero, ¿cómo paga un desarrollador la deuda técnica? Pues fácil, por medio de la refactorización.

La refactorización, o *refactoring*, es simplemente un proceso que tiene como objetivo mejorar el código de un proyecto sin alterar su comportamiento para que sea más entendible y tolerante a cambios.

Para comenzar a refactorizar es **imprescindible** que en nuestro proyecto existan **test automáticos**, ya sean unitarios o de integración, que nos permitan saber, en cualquier momento, si el código que hemos cambiado sigue cumpliendo los requisitos. Sin estos test el proceso de refactoring se vuelve complicado, ya que probablemente adoptaremos actitudes defensivas del tipo "si funciona, no lo toques", debido al riesgo implícito que conlleva modificar el sistema.

En el caso de que el proyecto contenga test, el siguiente paso es saber detectar **cuándo debemos refactorizar**. Por norma general, debemos refactorizar cuando detectamos que nuestro código no tiene la **suficiente calidad** o cuando detectamos algún *code smell*, veremos unos cuantos de estos a lo largo del libro. A nivel personal me gusta refactorizar a diario, considero que es un "buen calentamiento", es decir, una buena forma de reconectar con lo que estaba haciendo el día anterior.

Por otro lado, puede darse el caso en el que refactorizar no sea suficiente y necesitemos cambiar la arquitecura o rediseñar algunos componentes. Por ejemplo, imaginemos una solución en *NodeJS* que debía ser muy escalable y aceptar un número elevado de peticiones concurrentes. Probablemente hubiera sido interesante haber diseñado un sistema de colas para ello. Pero el equipo, de forma prudente y deliberada, puede decidir lanzar las primeras versiones con una arquitectura más simple para validar el producto en el mercado, aún sabiendo que a corto o medio plazo habrá que cambiar la arquitectura.

Mejor prevenir que curar, las reglas del diseño simple

La mala calidad en el *software* siempre la acaba pagando o asumiendo alguien, ya sea el cliente, el proveedor con recursos o el propio desarrollador dedicando tiempo a refactorizar o malgastando tiempo programando sobre un sistema frágil. Es por ello que, como dice el refrán, es mejor prevenir que curar.

Un buen punto de partida para prevenir la deuda técnica es intentar valorar si estamos cumpliendo las **cuatro reglas del diseño simple** planteadas por Kent Beck:

- El código pasa correctamente los test
- Revela la intención del diseño
- Respeta el principio DRY
- Tiene el menor número posible de elementos.

A lo largo del libro veremos cómo aplicar Clean Code, SOLID, TDD y otros muchos conceptos asociados que nos ayudarán a tratar de cumplir estas cuatro reglas.

¿Qué es Clean Code?

"Programar es el arte de decirle a otro humano lo que quieres que el ordenador haga". – Donald Knuth[1]

Clean Code, o Código Limpio en español, es un término al que ya hacían referencia desarrolladores de la talla de Ward Cunningham o Kent Beck, aunque no se popularizó hasta que Robert C. Martin, también conocido como Uncle Bob, publicó su libro "Clean Code: A Handbook of Agile Software Craftsmanship[2]" en 2008.

El libro, aunque sea bastante dogmático y quizás demasiado focalizado en la programación orientada a objetos, se ha convertido en un clásico que no debe faltar en la estantería de ningún desarrollador que se precie, aunque sea para criticarlo.

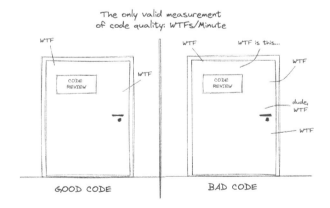

Existen muchas definiciones para el término Clean Code, pero yo personalmente

---

[1]https://es.wikipedia.org/wiki/Donald_Knuth
[2]https://amzn.to/2TUywwB

me quedo con la de mi amigo Carlos Blé, ya que además casa muy bien con el objetivo de este libro:

"Código Limpio es aquel que se ha escrito con la intención de que otra persona (o tú mismo en el futuro) lo entienda." – *Carlos Blé*[3]

Los desarrolladores solemos escribir código sin la intención explícita de que vaya a ser entendido por otra persona, ya que la mayoría de las veces nos centramos simplemente en implementar una solución que funcione y que resuelva el problema.

Tratar de entender el código de un tercero, o incluso el que escribimos nosotros mismos hace tan solo unas semanas, se puede volver una tarea realmente difícil. Es por ello que hacer un esfuerzo extra para que nuestra solución sea legible e intuitiva es la base para reducir los costes de mantenimiento del *software* que producimos.

A continuación veremos algunas de las secciones del libro de Uncle Bob que más relacionadas están con la legibilidad del código. Si conoces el libro o lo has leído, podrás observar que he añadido algunos conceptos y descartado otros, además de incluir ejemplos sencillos aplicados a JavaScript.

---

[3] https://twitter.com/carlosble

Variables, nombres y ámbito

"Nuestro código tiene que ser simple y directo, debería leerse con la misma facilidad que un texto bien escrito". – Grady Booch[1]

Nuestro código debería poder leerse con la misma facilidad con la que leemos un texto bien escrito, es por ello que escoger buenos nombres, hacer un uso correcto de la declaración de las variables y entender el concepto de ámbito es fundamental en JavaScript.

Los nombres de variables, funciones o métodos y clases deben seleccionarse con cuidado para que den expresividad y significado a nuestro código. En este capítulo, además de profundizar en algunos detalles importantes relacionados con las variables y su ámbito, veremos algunas pautas y ejemplos para tratar de mejorar a la hora de escoger buenos nombres.

Uso correcto de *var, let* y *const*

En JavaScript clásico, antes de ES6, únicamente teníamos una forma de declarar las variables y era a través del uso de la palabra *var*. A partir de ES6 se introducen *let* y *const*, con lo que pasamos a tener tres palabras reservadas para la declaración de variables.

Lo ideal sería tratar de evitar a toda costa el uso de *var*, ya que no permite definir variables con un ámbito de bloque, lo cual puede derivar en comportamientos inesperados y poco intuitivos. Esto no ocurre con las variables definidas con *let* y *const*, que sí permiten definir este tipo de ámbito, como veremos al final de este capítulo.

---

[1]https://es.wikipedia.org/wiki/Grady_Booch

La diferencia entre *let* y *const* radica en que a esta última no se le puede reasignar su valor, aunque sí modificarlo. Es decir, se puede modificar (mutar) en el caso de un objeto, pero no si se trata de un tipo primitivo. Por este motivo, usar *const* en variables en las que no tengamos pensado cambiar su valor puede ayudarnos a mejorar la intencionalidad de nuestro código.

Javascript

```javascript
//Ejemplo de uso de var:
var variable = 5;
{
  console.log('inside', variable); // 5
  var variable = 10;
}

console.log('outside', variable); // 10
variable = variable * 2;
console.log('changed', variable); // 20
```

Puedes acceder al ejemplo interactivo desde aquí[2]

Javascript

```javascript
//Ejemplo de uso de let:
let variable = 5;

{
  console.log('inside', variable); // error
  let variable = 10;
}

console.log('outside', variable); // 5
variable = variable * 2;
console.log('changed', variable); // 10
```

Puedes acceder al ejemplo interactivo desde aquí[3]

Javascript

```javascript
//Ejemplo de uso de let:
const variable = 5;
variable = variable*2; // error
console.log('changed', variable); // doesn't get here
```

Puedes acceder al ejemplo interactivo desde aquí[4]

---

[2]https://repl.it/@SoftwareCrafter/CLEAN-CODE-var
[3]https://repl.it/@SoftwareCrafter/CLEAN-CODE-let
[4]https://repl.it/@SoftwareCrafter/CLEAN-CODE-const

Nombres pronunciables y expresivos

Los nombres de las variables, imprescindiblemente en inglés, deben ser pronunciables. Esto quiere decir que no deben ser abreviaturas ni llevar guión bajo o medio, priorizando el estilo CamelCase. Por otro lado, debemos intentar no ahorrarnos caracteres en los nombres, la idea es que sean lo más expresivos posible.

Javascript

```javascript
//bad
const yyyymmdstr = moment().format('YYYY/MM/DD');

//better
const currentDate = moment().format('YYYY/MM/DD');
```

Ausencia de información técnica en los nombres

Si estamos construyendo un *software* de tipo vertical (orientado a negocio), debemos intentar que los nombres no contengan información técnica en ellos, es decir, evitar incluir información relacionada con la tecnología, como el tipo de dato o la notación húngara[5], el tipo de clase, etc. Esto sí se admite en desarrollo de *software* horizontal o librerías de propósito general.

Javascript

```javascript
//bad
class AbstractUser(){...}

//better
class User(){...}
```

Establecer un lenguaje ubicuo

El término "lenguaje ubicuo" lo introdujo Eric Evans en su famoso libro sobre DDD, *Implementing Domain-Driven Design*, también conocido como "el libro rojo del DDD". Aunque el DDD queda fuera del ámbito de este libro, creo que hacer

---

[5]https://es.wikipedia.org/wiki/Notaci %C3 %B3n_h %C3 %BAngara

uso del lenguaje ubicuo es tremendamente importante a la hora de obtener un léxico coherente.

El lenguaje ubicuo es un proceso en el cual se trata de establecer un lenguaje común entre programadores y *stakeholders* (expertos de dominio), basado en las definiciones y terminología que se emplean en el negocio.

Una buena forma de comenzar con este el proceso podría ser crear un glosario de términos. Esto nos permitirá, por un lado, mejorar la comunicación con los expertos del negocio, y por otro, ayudarnos a escoger nombres más precisos para mantener una nomenclatura homogénea en toda la aplicación.

Por otro lado, debemos usar el mismo vocabulario para hacer referencia al mismo concepto, no debemos usar en algunos lados *User*, en otro *Client* y en otro *Customer*, a no ser que representen claramente conceptos diferentes.

Javascript

```
//bad
getUserInfo();
getClientData();
getCustomerRecord();

//better
getUser()
```

Nombres según el tipo de dato

Arrays

Los *arrays* son una lista iterable de elementos, generalmente del mismo tipo. Es por ello que pluralizar el nombre de la variable puede ser una buena idea:

Javascript

```
//bad
const fruit = ['manzana', 'platano', 'fresa'];
// regular
const fruitList = ['manzana', 'platano', 'fresa'];
// good
const fruits = ['manzana', 'platano', 'fresa'];
// better
const fruitNames = ['manzana', 'platano', 'fresa'];
```

Booleanos

Los *booleanos* solo pueden tener 2 valores: verdadero o falso. Dado esto, el uso de prefijos como *is*, *has* y *can* ayudará inferir el tipo de variable, mejorando así la legibilidad de nuestro código.

Javascript

```javascript
//bad
const open = true;
const write = true;
const fruit = true;

// good
const isOpen = true;
const canWrite = true;
const hasFruit = true;
```

Números

Para los números es interesante escoger palabras que describan números, como *min*, *max* o *total*:

Javascript

```javascript
//bad
const fruits = 3;

//better
const maxFruits = 5;
const minFruits = 1;
const totalFruits = 3;
```

Funciones

Los nombres de las funciones deben representar acciones, por lo que deben construirse usando el verbo que representa la acción seguido de un sustantivo. Estos deben de ser descriptivos y, a su vez, concisos. Esto quiere decir que el nombre de la función debe expresar lo que hace, pero también debe de abstraerse de la implementación de la función.

Javascript

```
//bad
createUserIfNotExists()
updateUserIfNotEmpty()
sendEmailIfFieldsValid()

//better
createUser(...)
updateUser(...)
sendEmail()
```

En el caso de las funciones de acceso, modificación o predicado, el nombre debe ser el prefijo *get*, *set* e *is*, respectivamente.

Javascript

```
getUser()
setUser(...)
isValidUser()
```

Get y set

En el caso de los *getters* y *setters*, sería interesante hacer uso de las palabras clave *get* y *set* cuando estamos accediendo a propiedades de objetos. Estas se introdujeron en ES6 y nos permiten definir métodos accesores:

Javascript

```
class Person {
  constructor(name) {
    this._name = name;
  }

  get name() {
    return this._name;
  }

  set name(newName) {
    this._name = newName;
  }
}

let person = new Person('Miguel');
console.log(person.name); // Outputs ''Miguel
```

Clases

Las clases y los objetos deben tener nombres formados por un sustantivo o frases de sustantivo como *User, UserProfile, Account* o *AdressParser*. Debemos evitar nombres genéricos como *Manager, Processor, Data* o *Info*.

Hay que ser cuidadosos a la hora de escoger estos nombres, ya que son el paso previo a la hora de definir la responsabilidad de la clase. Si escogemos nombres demasiado genéricos tendemos a crear clases con múltiples responsabilidades.

Ámbito o *scope* de las variables

Además de escribir nombres adecuados para las variables, es fundamental entender cómo funciona su *scope* en JavaScript. El *scope*, que se traduce como "ámbito" o "alcance" en español, hace referencia a la visibilidad y a la vida útil de una variable. El ámbito, en esencia, determina en qué partes de nuestro programa tenemos acceso a una cierta variable.

En JavaScript existen principalmente tres tipos de ámbitos: el ámbito global, el ámbito local o de función y el ámbito de bloque.

Ámbito global

Cualquier variable que no esté dentro de un bloque de una función, estará dentro del ámbito global. Dichas variables serán accesibles desde cualquier parte de la aplicación:

Javascript

```javascript
let greeting = 'hello world!';

function greet(){
    console.log(greeting);
}

greet(); //'Hello world';
```

Ámbito de bloque

Los bloques en Javascript se delimitan mediante llaves, una de apertura '{', y otra de cierre '}'. Como comentamos en el apartado de "Uso correcto de *var*, *let* y *const*", para definir variables con alcance de bloque debemos hacer uso de *let* o *const*:

Javascript

```javascript
{
    let greeting = 'Hello world!';
    var lang = 'English';
    console.log(greeting); //Hello world!
}

console.log(lang);//'English'
console.log(greeting);//// Uncaught ReferenceError
```

En este ejemplo queda patente que las variables definidas con *var* se pueden emplear fuera del bloque, ya que este tipo de variables no quedan encapsuladas dentro de los bloques. Por este motivo, y de acuerdo con lo mencionado anteriormente, debemos evitar su uso para no encontrarnos con comportamientos inesperados.

Ámbito estático vs. dinámico

El ámbito de las variables en JavaScript tiene un comportamiento de naturaleza estática. Esto quiere decir que se determina en tiempo de compilación en lugar de en tiempo de ejecución. Esto también se suele denominar **ámbito léxico (*lexical scope*).** Veamos un ejemplo:

Javascript

```javascript
const number = 10;
function printNumber() {
  console.log(number);
}

function app() {
  const number = 5;
  printNumber();
}

app(); //10
```

En el ejemplo, *console.log (number)* siempre imprimirá el número 10 sin importar desde dónde se llame la función *printNumber()*. Si JavaScript fuera un lenguaje con el ámbito dinámico, *console.log(number)* imprimiría un valor diferente dependiendo de dónde se ejecutará la función *printNumber()*.

Hoisting

En JavaScript las declaraciones de las variables y funciones se asignan en memoria en tiempo de compilación; a nivel práctico es como si el intérprete moviera dichas declaraciones al principio de su ámbito. Este comportamiento es conocido como **hoisting**. Gracias al *hoisting* podríamos ejecutar una función antes de su declaración:

Javascript

```javascript
greet(); //"Hello "world;
function greet(){
    let greeting = 'Hello world!';
    console.log(greeting);
}
```

Al asignar la declaración en memoria es como si "subiera" la función al principio de su ámbito:

Javascript

```javascript
function greet(){
    let greeting = 'Hello world!';
    console.log(greeting);
}
greet(); //"Hello "world;
```

En el caso de las variables, el *hoisting* puede generar comportamientos inesperados, ya que como hemos dicho solo aplica a la declaración y no a su asignación:

Javascript

```javascript
var greet = "Hi";
(function () {
    console.log(greet);// "undefined"
    var greet = "Hello";
    console.log(greet); //""Hello
})();
```

En el primer *console.log* del ejemplo, lo esperado es que escriba "Hi", pero como hemos comentado, el intérprete "eleva" la declaración de la variable a la parte superior de su *scope*. Por lo tanto, el comportamiento del ejemplo anterior sería equivalente a escribir el siguiente código:

Javascript

```javascript
var greet = "Hi";
(function () {
    var greet;
    console.log(greet);// "undefined"
    greet = "Hello";
    console.log(greet); //""Hello
})();
```

He usado este ejemplo porque creo que es muy ilustrativo para explicar el concepto de **hoisting**, pero volver a declarar una variable con el mismo nombre y además usar *var* para definirlas es muy mala idea.

Funciones

"Sabemos que estamos desarrollando código limpio cuando cada función hace exactamente lo que su nombre indica". – Ward Cunningham[1]

Las funciones son la entidad organizativa más básica en cualquier programa. Por ello, deben resultar sencillas de leer y de entender, además de transmitir claramente su intención. Antes de profundizar en cómo deberían ser, exploraremos las diferentes maneras en las que se pueden definir: declaración, expresiones y funciones *arrow*. Además, en esta última explicaremos el funcionamiento del objeto *this*, del cual podemos adelantar que tiene un comportamiento poco intuitivo en JavaScript.

Declaración de una función

La forma clásica de definir funciones en JavaScript es a través de la declaración de funciones. Esta se declara con la palabra clave *function* seguida del nombre de la función y los paréntesis. Puede tener o no parámetros. A continuación, entre llaves, tendremos el conjunto de instrucciones y opcionalmente la palabra clave *return* y el valor de retorno.

Javascript

```javascript
//Declaración de una función
function doSomething(){
    return "Doing something";
}

doSomething() //"Doing something"
```

---

[1]https://es.wikipedia.org/wiki/Ward_Cunningham

Expresión de una función

Una expresión de una función tiene una sintaxis similar a la declaración de una función, con la salvedad de que asignamos la función a una variable:

Javascript

```javascript
//Expresión de una función
const doSomething = function(){
   return "Doing something";
}

doSomething() //"Doing something"
```

Expresiones con funciones flecha (*arrow functions*)

Con la aparición de ES6, se añadió al lenguaje la sintaxis de la función flecha, una forma de definir funciones mucho más legible y concisa.

Javascript

```javascript
//Expresión con funciones flecha

const doSomething =() => "Doing something";
//El return está implícito si no añadimos las llaves.
```

Las *arrow functions* son ideales para declarar **expresiones lambda (funciones en línea)**, puesto que se reduce el ruido en la sintaxis y se mejora la expresividad e intencionalidad del código.

Javascript

```javascript
//Expresiones lambda
//Sin arrows functions
[1, 2, 3].map(function(n){return n * 2})
//Con arrows functions
[1,2,3].map(n => n * 2)
```

Las *arrow functions* también son muy útiles a la hora de escribir **funciones currificadas**. Como sabrás, una función de este tipo toma un argumento, devuelve una función que toma el siguiente argumento, y así sucesivamente. Con las *arrow functions*, este proceso puede acortarse, lo que permitirá obtener un código mucho más legible.

Javascript

```
//Funciones currificadas y aplicación parcial
//Sin arrow functions
function add(x){
    return function(y){
        return x + y;
    }
}
//con arrow functions
const add = x => y => x + y;

const addTwo = add(2);
console.log(addTwo(5))//7
```

Funcionamiento del objeto *this* en *arrow functions*

Otra característica interesante de las *arrow functions* es que cambian el comportamiento por defecto del objeto *this* en JavaScript. Cuando creamos una *arrow function*, su valor de *this* queda asociado permanentemente al valor de *this* de su ámbito externo inmediato; *window* en el caso del ámbito global del navegador o *global* en el caso del ámbito global de *NodeJS*:

Javascript

```
const  isWindow = () => this === window;
isWindow(); // true
```

En el caso de encontrarse en el ámbito local de un método, el valor de *this* sería el valor del ámbito de la función. Veamos un ejemplo:

Javascript

```
const counter = {
    number: 0,
    increase() {
        setInterval(() => ++this.number, 1000);
    }
};

counter.increase(); //1  2  3  4  5
```

Dentro de la *arrow function*, el valor de *this* es el mismo que en el método *increase()*. Aunque esto pueda parecer el comportamiento esperado, no sucedería así si no empleáramos *arrow functions*. Veamos el mismo ejemplo haciendo uso de una función creada con la palabra clave *function*:

Javascript

```javascript
const counter = {
    number: 0,
    increase() {
        setInterval(function(){ ++this.number}, 1000);
    }
};

counter.increase(); //NaN NaN NaN ...
```

Aunque NaN (*not a number*) no es el resultado intuitivo, tiene sentido en JavaScript, ya que dentro de *setInterval()* *this* ha perdido la referencia al objeto *counter*. Antes de la aparición de las *arrow functions*, este problema con los *callbacks* se solía corregir haciendo una copia del objeto *this*:

Javascript

```javascript
const counter = {
    number: 0,
    increase() {
        const that = this;
        setInterval(function(){ ++that.number}, 1000);
    }
};

counter.increase(); //1 2 3 ...
```

O, "bindeando" el objeto *this*, mediante la función *bind*:

Javascript

```javascript
const counter = {
    number: 0,
    increase() {
        setInterval(function(){ ++this.number}.bind(this), 1000);
    }
};

counter.increase();
```

En este ejemplo queda demostrado que ambas soluciones generan mucho ruido, por ello utilizar las *arrow functions* en los *callbacks* en los que se haga uso de *this* se vuelve imprescindible.

Funciones autoejecutadas IIFE

Una forma de definir funciones menos conocida es a través de las IIFE. Las II-FE (*Immediately-Invoked Function Expressions*), o funciones autoejecutadas en castellano, son funciones que se ejecutan al momento de definirse:

Javascript

```javascript
(function(){
    // … do something
})()
```

Este patrón era muy utilizado para crear un ámbito de bloque antes de que se introdujeran *let* y *const*. Desde la aparición de ES6 esto no tiene demasiado sentido, pero es interesante conocerlo:

Javascript

```javascript
(function() {
    var number = 42;
}());
console.log(number); // ReferenceError
```

Cómo hemos visto en la sección de ámbito de bloque, el uso de *let* y *const* para definirlo es mucho más intuitivo y conciso:

Javascript

```javascript
{
    let number = 42;
}
console.log(number); // ReferenceError
```

Parámetros y argumentos

Los argumentos son los valores con los que llamamos a las funciones, mientras que los parámetros son las variables nombradas que reciben estos valores dentro de nuestra función:

Javascript

```
const double = x => x * 2; // x es el parámetro de nuestra función
double(2); // 2 es el argumento con el que llamamos a nuestra función
```

Limita el número de argumentos

Una recomendación importante es la de limitar el número de argumentos que recibe una función. En general deberíamos limitarnos a tres parámetros como máximo. En el caso de tener que exceder este número, podría ser una buena idea añadir un nivel más de indirección a través de un objeto:

Javascript

```
function createMenu(title, body, buttonText, cancellable) {
  // ...
}

function createMenu({ title, body, buttonText, cancellable }) {
  // ...
}

createMenu({
  title: 'Foo',
  body: 'Bar',
  buttonText: 'Baz',
  cancellable: true
});
```

Generalmente, como vimos en el capítulo de variables y nombres, debemos evitar hacer uso de abreviaciones salvo cuando se trate de expresiones lambda (funciones en línea), ya que su ámbito es muy reducido y no surgirían problemas de legibilidad:

Javascript

```
const numbers = [1, 2, 3, 4, 5];
numbers.map(n => n * 2); // El argumento de map es una expresión lambda
```

Parámetros por defecto

Desde ES6, JavaScript permite que los parámetros de la función se inicialicen con valores por defecto.

Javascript

```
//Con ES6
function greet(text = 'world') {
    console.log('Hello ' + text);
}
greet(); // sin parámetro. Hello world
greet(undefined); // undefined. Hello world
greet('crafter') // con parámetro. Hello crafter
```

En JavaScript clásico, para hacer algo tan sencillo como esto teníamos que comprobar si el valor está sin definir y asignarle el valor por defecto deseado:

Javascript

```
//Antes de ES6
function greet(text){
    if(typeof text === 'undefined')
    text = 'world';

  console.log('Hello ' + text);
}
```

Aunque no debemos abusar de los parámetros por defecto, esta sintaxis nos puede ayudar a ser más concisos en algunos contextos.

Parámetro *rest* y operador *spread*

El operador **... (tres puntos)** es conocido como el **parámetro *rest*** o como **operador *spread* (propagación en español)**, dependiendo de dónde se emplee.

El parámetro *rest* unifica los argumentos restantes en la llamada de una función cuando el número de argumentos excede el número de parámetros declarados en esta.

En cierta manera, el parámetro *rest* actúa de forma contraria a *spread* (operador propagación en español)*:* mientras que *spread* "expande" los elementos de un *array* u objeto dado, *rest* unifica un conjunto de elementos en un *array*.

```javascript
function add(x, y) {
  return x + y;
}
add(1, 2, 3, 4, 5) //3

function add(...args){
    return args.reduce((previous, current)=> previous + current, 0)
}
add(1, 2, 3, 4, 5) //15

//El parámetro rest es el último parámetro de la función y es un array:
function process(x, y, ...args){
    console.log(args)
}

process(1, 2, 3, 4, 5);//[3, 4, 5]
```

Al igual que los parámetros por defecto, esta característica se introdujo en ES6. Para poder acceder a los argumentos adicionales en JavaScript clásico disponemos del objeto **arguments**:

```javascript
//Objeto arguments
function process(x, y){
    console.log(arguments)
}
process(1, 2, 3, 4, 5);//[1, 2, 3, 4, 5]
```

El objeto **arguments** presenta algunos problemas. El primero de ellos es que, aunque parece un *array,* no lo es, y por consiguiente no implementa las funciones de *array.prototype*. Además, a diferencia de *rest*, puede sobrescribirse y no contiene los argumentos restantes, sino todos ellos. Por ello suele desaconsejarse su uso.

Por otro lado, el **operador spread** divide un objeto o un array en múltiples elementos individuales. Esto permite expandir expresiones en situaciones donde se esperan múltiples valores como en llamadas a funciones o en array literales:

Javascript

```
//Operador Spread
function doStuff (x, y, z) { }
const args = [0, 1, 2];
//con spread
doStuff(...args);
//sin spread
doStuff.apply(null, args);
//spread en funciones de math
const numbers = [9, 4, 7, 1];
Math.min(...numbers);//1
```

Spread también nos permite clonar objetos y arrays de una forma muy simple y expresiva:

Javascript

```
const post = {title: "Spread operator", content: "lorem ipsum ..."}
// clonado con Object.assign ();
const postCloned = Object.assign ({}, post);
// clonado con operador spread
const postCloned = {... post};
const myArray = [1, 2, 3];
//clonado con slice()
const myArrayCloned = myArray.slice();
//clonado con el spread operator()
const myArrayCloned = [ ...myArray ];
```

También podemos usar el operador spread para concatenar arrays:

Javascript

```
const arrayOne = [1, 2, 3];
const arrayTwo = [4, 5, 6];

//concatenación con concat()
const myArray = arrayOne.concat(arrayTwo); //[1, 2, 3, 4, 5, 6]

//concatenacion con spread operator
const myArray = [...arrayOne, ...ArrayTwo]; //[1, 2, 3, 4, 5, 6]
```

Tamaño y niveles de indentación

La simplicidad es un pilar fundamental a la hora de escribir buen código y, por ello,una de las recomendaciones clave es que nuestras funciones sean de un tamaño reducido.

Definir un número exacto es complicado: en ocasiones escribo funciones de una sola línea, aunque normalmente suelen tener 4 ó 5 líneas. Esto no quiere decir que nunca escriba funciones de mayor tamaño, por ejemplo de 15 ó 20 líneas. Sin embargo, cuando alcanzo esta cifra intento analizar si puedo dividirla en varias funciones.

Si tus funciones, como norma general, suelen tener un tamaño demasiado grande o demasiados niveles de indentación, es probable que hagan demasiadas cosas. Esto nos lleva a otra recomendación, quizás la más importante: **las funciones deben hacer una única cosa y hacerla bien.** Otro punto fundamental para lograr que nuestras funciones sigan siendo simples es tratar de limitar los niveles de indentación a 1 ó 2 niveles. Para ello debemos evitar la anidación de condicionales y bucles. Esto nos permitirá mantener a raya el "código espagueti" además de reducir la complejidad ciclomática[2] de la función.

Veamos un ejemplo de cómo NO deberían ser nuestras funciones:

Javascript

```javascript
const getPayAmount = () => {
  let result;
  if (isDead){
    result = deadAmount();
  }
  else {
    if (isSeparated){
      result = separatedAmount();
    }
    else {
      if (isRetired){
        result = retiredAmount();
      }
      else{
        result = normalPayAmount();
      }
    }
  }
  return result;
}
```

Cláusulas de guarda

Las cláusulas de guarda, también conocidas como aserciones o precondiciones, son una pieza de código que comprueba una serie de condiciones antes de

---

[2]https://es.wikipedia.org/wiki/Complejidad_ciclomática

continuar con la ejecución de la función.

En el ejemplo anterior, como puedes observar, tenemos demasiados condicionales anidados. Para resolverlo podríamos sustituir los casos *edge* por cláusulas de guarda:

Javascript

```javascript
//Clausulas de guarda
const getPayAmount = () => {
  if (isDead)
    return deadAmount();

  if (isSeparated)
    return separatedAmount();

  if (isRetired)
    return retiredAmount();

  return normalPayAmount();
}
```

Evita el uso de *else*

Otra estrategia que suelo utilizar para evitar la anidación es no emplear la palabra clave *else*. En mis proyectos intento evitarlo siempre que sea posible; de hecho, he trabajado en proyectos con miles de líneas de código sin utilizar un solo *else*. Para lograrlo, suelo priorizar el estilo declarativo, hacer uso de las cláusulas de guarda cuando uso estructuras condicionales o reemplazo las estructuras *if/else* por el **operador ternario,** lo que da lugar a un código mucho más comprensible y expresivo:

Javascript

```javascript
//if/else
const isRunning = true;
if(isRunning){
    stop()
}
else{
    run()
}
//operador ternario
isRunning ? stop() : run()
```

Cuando hagas uso de este operador debes intentar mantener la expresión lo más simple posible ya que, de lo contrario, podría volverse poco legible.

Prioriza las condiciones asertivas

Aunque este apartado no está directamente relacionado con los niveles de indentación, creo que es interesante mencionarlo, ya que nos ayuda a mejorar la legibilidad de los condicionales.

La evidencia nos dice que las frases afirmativas suelen ser más fáciles de entender que las negativas, por esta razón deberíamos invertir, siempre que sea posible, las condiciones negativas para convertirlas en afirmativas:

Javascript

```javascript
//Negative
if(!canNotFormat){
    format()
}

//Positive
if(canFormat){
    format()
}
```

Estilo declarativo frente al imperativo

Aunque JavaScript no es un lenguaje funcional puro, sí que nos ofrece algunos elementos de la programación funcional[3] que nos permiten escribir un código mucho más declarativo. Una buena práctica podría ser priorizar las funciones de alto nivel map, filter y reduce sobre las estructuras control y condicionales. Esto, además de favorecer la composición, nos permitirá obtener funciones mucho más expresivas y de tamaño más reducido.

---

[3] https://softwarecrafters.io/javascript/introduccion-programacion-funcional-javascript

```javascript
const orders = [
    { productTitle: "Product 1", amount: 10 },
    { productTitle: "Product 2", amount: 30 },
    { productTitle: "Product 3", amount: 20 },
    { productTitle: "Product 4", amount: 60 }
];

//worse
function imperative(){
  let totalAmount = 0;

  for (let i = 0; i < orders.length; i++) {
    totalAmount += orders[i].amount;
  }

  console.log(totalAmount); // 120
}
//better
function declarative(){
  function sumAmount(currentAmount, order){
    return currentAmount + order.amount;
  }

  function getTotalAmount(orders) {
    return orders.reduce(sumAmount, 0);
  }

  console.log(getTotalAmount(orders)); // 120
}

imperative();
declarative();
```

Puedes acceder al ejemplo interactivo desde aquí[4]

Funciones anónimas

Como vimos en la sección de los nombres, el valor de un buen nombre es fundamental para la legibilidad. Cuando escogemos un mal nombre sucede todo lo contrario, por ello a veces la mejor forma de escoger buenos nombres es no tener que hacerlo. Aquí es donde entra la fortaleza de las funciones anónimas y por lo que, siempre que el contexto lo permita, deberías utilizarlas. De este modo, evitarás que se propaguen alias y malos nombres por tu código. Veamos un ejemplo:

---

[4]https://repl.it/@SoftwareCrafter/CLEAN-CODE-declarativo-vs-imperativo

```javascript
function main(){
  const stuffList = [
      { isEnabled: true, name: 'justin' },
      { isEnabled: false, name: 'lauren' },
      { isEnabled: false, name: 'max' },
  ];

  const filteredStuff = stuffList.filter(stuff => !stuff.isEnabled);
  console.log(filteredStuff);
}

main();
```

La función stuff => !stuff.isEnabled es un predicado tan simple que extraerlo no tiene demasiado sentido. Puedes acceder al ejemplo completo desde aquí

Transparencia referencial

Muchas veces nos encontramos con funciones que prometen hacer una cosa y que en realidad generan efectos secundarios ocultos. Esto debemos tratar de evitarlo en la medida de lo posible, para ello suele ser buena idea aplicar el principio de transparencia referencial sobre nuestras funciones.

Se dice que una función cumple el principio de transparencia referencial si, para un valor de entrada, produce siempre el mismo valor de salida. Este tipo de funciones también se conocen como funciones puras y son la base de la programación funcional.

```javascript
//bad
function withoutReferentialTransparency(){
  let counter = 1;

  function increaseCounter(value) {
    counter = value + 1;
  }

  increaseCounter(counter);
  console.log(counter); // 2
}

//better
function withReferentialTransparency(){
  let counter = 1;

  function increaseCounter(value) {
    return value + 1;
  }

  console.log(increaseCounter(counter)); // 2
  console.log(counter); // 1
}

withoutReferentialTransparency();
withReferentialTransparency();
```

Puedes acceder al ejemplo completo desde aquí[5]

Principio DRY

Teniendo en cuenta que la duplicación de código suele ser la raíz de múltiples problemas, una buena práctica sería la implementación del principio DRY (don't repeat yourself). Este principio, que en español significa no repetirse, nos evitará múltiples quebraderos de cabeza como tener que testear lo mismo varias veces, además de ayudarnos a reducir la cantidad de código a mantener.

Para ello lo ideal sería extraer el código duplicado a una clase o función y utilizarlo donde nos haga falta. Muchas veces esta duplicidad no será tan evidente y será nuestra experiencia la que nos ayude a detectarla, no tengas miedo a refactorizar cuando detectes estas situaciones.

---

[5]https://repl.it/@SoftwareCrafter/CLEAN-CODE-transparencia-referencial

```javascript
const reportData = {
  name: "Software Crafters",
  createdAt: new Date(),
  purchases: 100,
  conversionRate: 10,
}

function withOutDRY(){
  function showReport(reportData) {
    const reportFormatted = `
      Name: ${reportData.name}
      Created at: ${reportData.createdAt}
      Purchases: ${reportData.purchases}
      Conversion Rate: ${reportData.conversionRate}%`
    console.log("Showing report", reportFormatted)
  }

  function saveReport(reportData) {
    const reportFormatted = `
      Name: ${reportData.name}
      Created at: ${reportData.createdAt}
      Purchases: ${reportData.purchases}
      Conversion Rate: ${reportData.conversionRate}%`
    console.log("Saving report...", reportFormatted)
  }

  showReport(reportData)
  saveReport(reportData)
}

function withDRY(){
  function formatReport(reportData){
    return `
      Name: ${reportData.name}
      Created at: ${reportData.createdAt}
      Purchases: ${reportData.purchases}
      Conversion Rate: ${reportData.conversionRate}%`
  }

  function showReport(reportData) {
    console.log("Showing report...", formatReport(reportData));
  }

  function saveReport(reportData) {
    console.log("Saving report...", formatReport(reportData));
  }

  showReport(reportData)
  saveReport(reportData)
}
```

Puedes acceder al ejemplo completo desde aquí[6]

---

[6]https://repl.it/@SoftwareCrafter/CLEAN-CODE-principio-DRY

Command–Query Separation (CQS)

El principio de diseño *Command-Query Separation*, separación de comandos y consultas en español, fue introducido por primera vez por Bertrand Meyer en su libro *Object Oriented Software Construction*. La idea fundamental de este principio es que debemos tratar de dividir las funciones de un sistema en dos categorías claramente separadas:

- **Consultas (*queries*):** son funciones puras que respetan el principio de transparencia referencial, es decir, devuelven un valor y no alteran el estado del sistema. Siempre devuelven un valor.
- **Comandos (*commands*)**: son funciones que cambian el estado intrínseco del sistema, es decir, generan un *side effect*. También pueden ser conocidos como **modificadores (*modifiers*)** o **mutadores (*mutators*)**. No deberían devolver ningún valor (*void*).

Echemos un vistazo a la firma de la siguiente interfaz:

Typescript

```typescript
interface UserRepository
{
    Create(user:User): void;
    GetByEmail(email:string):User;
    GetAllByName(name:string): User[];
}
```

Como puedes observar, el método *Create()* no devuelve ningún valor. Su única acción es la de crear un nuevo usuario, muta el estado del sistema y, por lo tanto, se trata de un **comando**.

Por otro lado, las funciones *GetByEmail* y *GetAllByName*, son **consultas** que devuelven un usuario por email o varios usuarios por nombre, respectivamente. Si están bien diseñadas, no deberían generar ningún efecto secundario, es decir, no deberían cambiar el estado del sistema.

El valor principal de este principio reside en que puede ser extremadamente útil separar claramente los comandos de las consultas. Esto nos permitirá reutilizar y componer las consultas en las diferentes partes del código donde las vayamos necesitando. Como consecuencia, obtendremos un código más robusto y libre de duplicidades.

Algoritmos eficientes

Bjarne Stroustrup, inventor de C++ y autor de varios libros, entiende el concepto de código limpio como aquel código que es elegante y eficiente. Es decir, no solo es un placer leerlo sino que además tiene un rendimiento óptimo. Pero, ¿cómo sabemos si nuestro código tiene un rendimiento adecuado? Pues para ello debemos conocer la notación *Big O* y cómo se clasifican, en base a ella, los algoritmos que codificamos.

Notación O grande (*big O*)

La notación *Big-O*, también conocida como notación asintótica o notación Landau (en honor a uno de sus inventores, Edmun Landau[7]), se utiliza para medir el rendimiento o la complejidad de un algoritmo.

En esencia se trata de una aproximación matemática que nos ayuda a describir el comportamiento de un algoritmo, tanto temporal como espacial. Es decir, cuánto tiempo va a tardar en ejecutarse o cuánta memoria va a ocupar mientras se ejecuta, basándose en el número de elementos que se deben procesar.

Por ejemplo, si el tiempo de ejecución de un algoritmo crece linealmente con el número de elementos, diremos que el algoritmo es de complejidad O(n). En cambio, si el algoritmo es independiente de la cantidad de datos que se van a procesar, estaremos ante un algoritmo de complejidad O(1). A continuación veremos las notaciones *big O* más comunes, ordenadas de menor a mayor complejidad, junto a algunos ejemplos.

- **O(1) constante:** la operación no depende del tamaño de los datos. Por ejemplo, acceder a un elemento de un *array*.
- **O(log n) logarítmica:** la complejidad logarítmica se da en casos en los que no es necesario recorrer todos los elementos. Por ejemplo, el algoritmo de búsqueda binaria.
- **O(n) lineal:** el tiempo de ejecución es directamente proporcional al tamaño de los datos. Crece en línea recta. Como ejemplo nos vale cualquier algoritmo que haga uso de un bucle simple, como podría ser una búsqueda secuencial.

---

[7]https://en.wikipedia.org/wiki/Edmund_Landau

- **O(n log n):** es algo peor que la lineal, pero no mucho más. Se aplica en el caso de algoritmos de ordenación como *Quicksort* o *Heapsort*.
- **O(n^2) cuadrática:** es típico de algoritmos que necesitan realizar una iteración por todos los elementos en cada uno de los elementos que necesita procesar. Por ejemplo, como cualquier algoritmo que haga uso de dos bucles anidados, como podría ser el algoritmo de búsqueda *Bubble Sort*. En el caso de añadir otro bucle más, el algoritmo pasaría a ser de complejidad cúbica.
- **O(2^n) exponencial:** se trata de funciones que duplican su complejidad con cada elemento añadido al procesamiento. Suele darse en las llamadas recursivas múltiples. Un ejemplo es el cálculo de la serie Fibonacci de forma recursiva.
- **O(n!) explosión combinatoria:** se trata de algoritmos que no pueden resolverse en tiempo polinómico, también conocidos como NP (*nondeterministic polynomial time*). Un ejemplo típico es el problema del viajante.

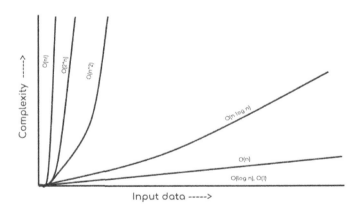

Como puedes observar en la gráfica anterior, a partir de la complejidad cuadrática los algoritmos se pueden volver demasiado lentos cuando manejan grandes cantidades de datos. A veces esto puede suponer un *trade-off* que nos coloque en la tesitura de escoger entre un diseño más elegante o más eficiente. En estos casos suele ser buena idea no apresurarse a realizar una optimización prematura, pero todo depende del contexto.

Clases

"Si quieres ser un programador productivo esfuérzate en escribir código legible". – Robert C. Martin[1]

Una clase, además de ser una abstracción mediante la cual representamos entidades o conceptos, es un elemento organizativo muy potente. Es por ello que debemos tratar de prestar especial atención a la hora de diseñarlas. Antes de profundizar en cómo deberían diseñarse, vamos a ver algunas peculiaridades de las clases y los objetos en JavaScript.

JavaScript en un lenguaje orientado a objetos basado en prototipos, en lugar de estar basado en clases como tal. En la versión ES6 del lenguaje se introdujo la palabra reservada class para definir clases siguiendo el mismo patrón de lenguajes clásicos de POO como Java o C#. Aunque en realidad, esta sintaxis de clases no ofrece realmente una funcionalidad adicional simplemente aportan un estilo más limpio y elegante en comparación con el uso directo de funciones constructoras y/o de la cadena de prototipos.

Prototype y *ECMAScript* moderno

Todos los objetos de JavaScript enlazan con un objeto prototipo del que heredan todas sus propiedades. Los prototipos permiten integrar muchas de las técnicas clásicas de diseño orientado a objetos, pero antes de ES6, se hacía mediante un mecanismo desordenado y complejo. A continuación, compararemos cómo se implementan algunos elementos de la POO antes y después de ES6.

---

[1]https://twitter.com/unclebobmartin

Constructores y funciones constructoras

Como sabrás, en POO un constructor no es más que una función que nos permite inicializar un objeto de una clase en concreto. Antes de ES6 no teníamos una notación formal de clases y teníamos que recurrir a las funciones constructoras para este fin. La única particularidad de este tipo de funciones es que utilizan la palabra clave *this* para definir las propiedades que tendrá el objeto y se inicializan con la palabra clave *new*:

Javascript

```javascript
// Antes de ES6
function Person(name) {
  this.name = name;
}

var person = new Person('Miguel');
console.log(person.name); // 'Miguel'
```

A partir de ES6 podemos hacer uso de la palabra clave *class* para definir "clases", tal y como hacemos en otros lenguajes orientados a objetos, aunque internamente JavaScript sigue usando los prototipos. Veamos cómo quedaría el ejemplo anterior con esta sintaxis:

Javascript

```javascript
class Person{
    constructor(name){
        this.name = name;
    }
}

const person = new Person('miguel');
console.log(person.name);//''Miguel
```

Como puedes observar, esta sintaxis es mucho más intuitiva que la anterior. En la actualidad, hacer uso de funciones constructoras en proyectos de JavaScript moderno no tiene ningún sentido ya que empeoran la legibilidad del proyecto.

Métodos

Como ya sabes, los métodos representan operaciones que se pueden realizar con los objetos de una clase en concreto. Antes de ES6, para definirlos, teníamos que asignarlos directamente al objeto *prototype* tras declarar la función constructora:

Javascript

```javascript
// Antes de ES6
function Person(name) {
    this.name = name;
}

Person.prototype.greet = function(){
    return "Hola soy " + this.name;
}

var person = new Person("Miguel");
console.log(person.greet()); // 'Hola soy Miguel'
```

La sintaxis de clases de ES6 nos permite realizar esto de una forma más legible y cohesiva:

Javascript

```javascript
// Después de ES6

class Person{
    constructor(person){
        this.name = name;
    }

    greet(){
        return `Hola soy ${this.name}`;
    }
}
const person = new Person('miguel');
console.log(person.greet()); // 'Hola soy Miguel'
```

Herencia y cadena de prototipos

La herencia es una técnica típica de la POO que nos permite definir nuevas clases basadas en otras ya existentes con el objetivo de reutilizar código. Sin embargo, como veremos en este mismo capítulo, la herencia no es la mejor opción para la reutilización de código, aunque sí que existen ciertos contextos en los que se aplica muy bien.

Veamos cómo se implementa la herencia usando prototipos con la sintaxis tradicional de ES5. Para ello, crearemos un objeto programador que hereda del objeto persona (y sí, en JavaScript es más preciso hablar de "herencia entre objetos" que de "clases") que creamos en los ejemplos anteriores:

Javascript

```javascript
// ES5
function Programmer(name) {
  Person.call(this, name);
}

Programmer.prototype = Object.create(Person.prototype);

Programmer.prototype.writeCode = function(coffee) {
    if(coffee)
        console.log( 'Estoy programando ');
    else
        console.log('No puedo, no tengo café.');
};

var  programmer = new Programmer("Miguel");
programmer.greet(); // 'Hola soy Miguel'
programmer.writeCode(); //'No puedo, no tengo café'
```

Como se observa, en primer lugar definimos una nueva función constructora llamada *Programmer*. A continuación, asignamos a su prototipo un nuevo objeto basado en el prototipo del objeto *Person*, lo que nos permite heredar toda la funcionalidad implementada en el objeto *Person*. Por último, definimos el método *writeCode(coffee)* del mismo modo que hicimos en el ejemplo anterior.

Queda patente que el uso directo de *prototype* no es nada intuitivo. Veamos cómo queda el mismo ejemplo con la sintaxis de clases:

Javascript

```javascript
// ES6
class Programmer extends Person{
  constructor(name){
    super(name);
  }

  writeCode(coffee){
    coffee ? console.log( 'Estoy programando') : console.log('No puedo,
        no tengo café.');
  }
}

const programmer = new Programmer("Miguel");
programmer.greet(); // 'Hola soy Miguel'
programmer.writeCode(); //'No puedo, no tengo café'
```

La sintaxis de clases permite escribir un código más legible e intuitivo. Por cierto, en el constructor de la clase le estamos pasando a la clase padre el parámetro

66

name a través de la palabra clave *super;* este tipo de prácticas debemos minimizarlas ya que aumentan la rigidez y el acoplamiento de nuestro código.

Tamaño reducido

Las clases, al igual que vimos en las funciones, deben tener un tamaño reducido. Para conseguir esto debemos empezar por **escoger un buen nombre**. Un nombre adecuado es la primera forma de limitar el tamaño de una clase, ya que nos debe describir la responsabilidad que desempeña la clase.

Otra pauta que nos ayuda a mantener un tamaño adecuado de nuestras clases es tratar de aplicar **el principio de responsabilidad única**.

Este principio viene a decir que una clase no debería tener más de una responsabilidad, es decir, no debería tener más de un motivo por el que ser modificada (ampliaremos esta definición en la sección de principios SOLID).

Veamos un ejemplo:

Javascript

```javascript
class UserSettings {
    private user: User;
    private settings: Settings;

    constructor(user, settings) {
        this.user = user;
        this.settings = settings;
    }

    changeSettings(settings) {
        if (this.verifyCredentials()) {
        // ...

        }
    }

    verifyCredentials() {
        // ...

    }
}
```

La clase *UserSettings* tiene dos responsabilidades: por un lado tiene que gestionar las settings del usuario y, además, se encarga del manejo de las credenciales. En este caso podría ser interesante extraer la verificación de las credenciales a otra clase, por ejemplo *UserAuth*, y que dicha clase sea la responsable de gestionar las operaciones relacionadas con el manejo de las credenciales. Nosotros tan solo tendríamos que inyectarla a través del constructor de la clase *UserSettings* y usarla en donde la necesitemos, en este caso en el método *changeSettings*.

Javascript

```javascript
class UserAuth{
    private user: User;

    constructor(user: User){
        this.user = user
    }

    verifyCredentials(){
        //...
    }
}
class UserSettings {
    private user: User;
    private settings: Settings;
    private auth: UserAuth;

    constructor(user: User, auth:UserAuth) {
        this.user = user;
        this.auth = auth;
    }

    changeSettings(settings) {
        if (this.auth.verifyCredentials()) {
        // ...
        }
    }
}
```

Esta forma de diseñar las clases nos permite mantener la responsabilidades bien definidas, además de contener el tamaño de las mismas. Profundizaremos en esto en el capítulo de principio de responsabilidad única.

Organización

Las clases deben comenzar con una lista de variables, siempre y cuando se vayan a compartir en varios métodos de la clase, si no encapsúlalas en dichos métodos para mejorar la cohesión. En el caso de que hayan constantes públicas, estas deben aparecer primero. Seguidamente deben aparecer las variables estáticas privadas y después las de instancia privadas; en el caso de que utilizaremos variables de instancia públicas estas deben ir en último lugar

Los métodos o funciones públicas deberían ir a continuación de la lista de variables. Para ello comenzaremos con el método constructor. En el caso de usar un named constructor, este iría antes y, seguidamente, el método constructor privado. A continuación situaremos las funciones estáticas de la clase y, si dispone de métodos privados relacionados, los situaremos a continuación. Seguidamente irían el resto de métodos de instancia ordenados de mayor a menor importancia, dejando para el final los accesores (getters y setters).

Para este ejemplo usaremos una value object que representa un email construido con Typescript, ya que nos facilita la tarea de establecer métodos y variables privadas.

Typescript

```typescript
class Email {
    private readonly value: string;

    static create(email: string): Email {
        if (Email.isValid(email)) {
            return new Email(email);
        }
        throw new Error("Invalid email address");
    }

    private constructor(email: string) {
        this.value = email;
    }

    private static isValid(email: string): boolean {
        const regex = /^[^\s@]+@[^\s@]+\.[^\s@]+$/;
        return regex.test(email);
    }

    getValue(): string {
        return this.value;
    }

    equals(other: Email): boolean {
        return this.value === other.value;
    }
}
```

La clase comienza con la declaración de propiedades privadas, en este caso, la propiedad value, que es de solo lectura. Esta propiedad almacena la dirección de correo electrónico como una cadena de texto y su valor solo puede ser asignado en el constructor. Al ser de solo lectura, se garantiza la inmutabilidad del objeto una vez creado.

A continuación, se encuentran los métodos estáticos de la clase. El método create es un método estático y público que se utiliza como un constructor alternativo (también conocido como "factory method" o "named constructor") para crear instancias de la clase Email. Este método permite validar la dirección de correo electrónico antes de crear la instancia, lanzando un error si no es válida. El constructor principal de la clase es privado, lo que garantiza que las instancias de la clase Email solo puedan ser creadas a través del método create.

Después de los métodos estáticos, se encuentran los métodos de instancia de la clase. El primer método de instancia es getValue, que es un método público que devuelve la dirección de correo electrónico almacenada en la propiedad privada value. Esto permite a los usuarios de la clase obtener el valor de la dirección de correo electrónico sin modificarlo.

El último método de instancia es equals, que es un método público que compara dos objetos Email en función de su valor. Este método es útil para determinar si dos instancias de la clase Email representan la misma dirección de correo electrónico, lo que es especialmente importante en el caso de objetos de valor.

Esta organización de la clase facilita la comprensión y el mantenimiento del código, ya que sigue una estructura lógica y coherente.

Prioriza la composición frente a la herencia

Tanto la herencia como la composición son dos técnicas muy comunes aplicadas en la reutilización de código. Como sabemos, la herencia permite definir una implementación desde una clase padre, mientras que la composición se basa en ensamblar objetos diferentes para obtener una funcionalidad más compleja.

Optar por la composición frente a la herencia nos ayuda a mantener cada clase encapsulada y centrada en una sola tarea (principio de responsabilidad), favoreciendo la modularidad y evitando el acoplamiento de dependencias. Un alto acoplamiento no solo nos obliga a arrastrar con dependencias que no necesitamos, sino que además limita la flexibilidad de nuestro código a la hora de introducir cambios.

Esto no quiere decir que nunca debas usar la herencia. Hay situaciones en las que la herencia casa muy bien, la clave está en saber diferenciarlas. Una buena forma de hacer esta diferenciación es preguntándote si la clase que hereda **es** realmente un hijo o simplemente **tiene** elementos del padre. Veamos un ejemplo:

Typescript

```typescript
class Employee {
    private name: string;
    private email: Email;

    constructor(name:string, email:Email) {
        this.name = name;
        this.email = email;
    }

  // ...
}

class EmployeeTaxData extends Employee {
    private ssn: string;
    private salary: number;

    constructor(ssn:string, salary:number) {
        super();
        this.ssn = ssn;
        this.salary = salary;
    }
  //...
}
```

Como podemos ver, se trata de un ejemplo algo forzado de herencia mal aplicada, ya que en este caso un empleado "tiene" *EmployeeTaxData*, no "es" *EmployeeTaxData*. Si refactorizamos aplicando composición, las clases quedarían de la siguiente manera:

Typescript

```typescript
class EmployeeTaxData{
    private ssn: string;
    private salary: number;

    constructor(ssn:string, salary:number) {
        this.ssn = ssn;
        this.salary = salary;
    }
  //...
}

class Employee {
    private name: string;
    private email: Email;
    private taxData: EmployeeTaxData;

    constructor(name:string, email:Email) {
        this.name = name;
        this.email = email;
    }

    setTaxData(taxData:EmployeeTaxData){
        this.taxData = taxData;
    }
  // ...
}
```

Como podemos observar, la responsabilidad de cada una de las clases queda mucho más definida de esta manera, además de generar un código menos acoplado y modular.

¿Clases si o clases no? Más bien clases cómo

La programación orientada a objetos (POO) y la programación funcional (PF) a menudo se enfrentan como enfoques opuestos en el mundo del desarrollo de software. Sin embargo, ambas pueden coexistir y complementarse en un mismo sistema, siempre y cuando el lenguaje esté preparado para ello. El debate en torno a las clases en la programación ha generado malentendidos y falsas dicotomías.

Incorporar principios de programación funcional en el diseño de clases, permite mejorar la calidad de su diseño. Para ello, es importante asegurarnos de que los métodos de nuestras clases sigan el principio de la transparencia referencial siempre y cuando sea posible, limitando las mutaciones de estado.

Las clases han adquirido una mala reputación en algunos círculos debido a la forma en que algunos programadores las utilizan y diseñan.

Esta mala fama, sin embargo, no es intrínseca a las clases en sí, sino que proviene de malas prácticas y falta de comprensión de cómo utilizarlas de manera efectiva. Es importante recordar que las herramientas y técnicas de programación, no son inherentemente buenas o malas, sino que su eficacia depende de cómo se usen y se apliquen en un contexto específico. Estos desarrolladores tienden a abusar de la mutación de estado, lo que puede generar comportamientos y errores inesperados.

Debemos entender las clases como tipos propios que nos permiten atraer comportamiento, sobre todo con TypeScript, en JavaScript puro quizás tengan menos sentido.

Comentarios y formato

Evita el uso de comentarios

"No comentes el código mal escrito, reescríbelo". – Brian W. Kernighan[1]

Cuando necesitas añadir comentarios a tu código es porque este no es lo suficientemente autoexplicativo, lo cual quiere decir que no estamos siendo capaces de escoger buenos nombres. Cuando veas la necesidad de escribir un comentario, trata de refactorizar tu código y/o nombrar los elementos del mismo de otra manera.

A menudo, cuando usamos librerías de terceros, APIS, frameworks, etc., nos encontraremos ante situaciones en las que escribir un comentario será mejor que dejar una solución compleja o un hack sin explicación. En definitiva, la idea es que los comentarios sean la excepción, no la regla.

En todo caso, si necesitas hacer uso de los comentarios, lo importante es comentar el porqué, más que comentar el qué o el cómo. Ya que el cómo lo vemos, es el código, y el qué no debería ser necesario si escribes código autoexplicativo. Pero el por qué has decidido resolver algo de cierta manera a sabiendas de que resulta extraño, eso sí que deberías explicarlo.

---

[1]https://es.wikipedia.org/wiki/Brian_Kernighan

Formato coherente

"El buen código siempre parece estar escrito por alguien a quien le importa". – Michael Feathers[2]

En todo proyecto software debe existir una serie de pautas sencillas que nos ayuden a armonizar la legibilidad del código de nuestro proyecto, sobre todo cuando trabajamos en equipo. Algunas de las reglas en las que se podría hacer hincapié son:

Problemas similares, soluciones simétricas

Es capital seguir los mismos patrones a la hora de resolver problemas similares dentro del mismo proyecto. Por ejemplo, si estamos resolviendo un CRUD de una entidad de una determinada forma, es importante que para implementar el CRUD de otras entidades sigamos aplicando el mismo estilo.

Densidad, apertura y distancia vertical

Las líneas de código con una relación directa deben ser verticalmente densas, mientras que las líneas que separan conceptos deben de estar separadas por espacios en blanco. Por otro lado, los conceptos relacionados deben mantenerse próximos entre sí.

Lo más importante primero

Los elementos superiores de los ficheros deben contener los conceptos y algoritmos más importantes, e ir incrementando los detalles a medida que descendemos en el fichero.

Indentación

Por último, y no menos importante, debemos respetar la indentación o sangrado. Debemos indentar nuestro código de acuerdo a su posición dependiendo de si pertenece a la clase, a una función o a un bloque de código.

---

[2]https://twitter.com/mfeathers?lang=es

Esto es algo que puede parecer de sentido común, pero quiero hacer hincapié en ello porque no sería la primera vez que me encuentro con este problema. Es más, tengo una anécdota sobre esto, cuando estudiaba en la universidad tuve un profesor que, como le entregaras un ejercicio con una mala identación, directamente ni te lo corregía. Después de trabajar en muchos proyectos entiendo por qué exigía esto.

SECCIÓN II: PRINCIPIOS SOLID

Introducción a SOLID

En la sección sobre Clean Code aplicado a JavaScript, vimos que el coste total de un producto *software* viene dado por la suma de los costes de desarrollo y de mantenimiento, siendo este último mucho más elevado que el coste del propio desarrollo inicial.

En dicha sección nos centramos en la idea de minimizar el coste de mantenimiento relacionado con la parte de entender el código, y ahora nos vamos a focalizar en cómo nos pueden ayudar los principios SOLID a escribir un código más intuitivo, testeable y tolerante a cambios.

Antes de profundizar en SOLID, vamos a hablar de qué sucede en nuestro proyecto cuando escribimos código STUPID.

De STUPID a SOLID

Tranquilidad, no pretendo herir tus sentimientos, STUPID es simplemente un acrónimo basado en seis *code smells* que describen cómo NO debe ser el *software* que desarrollamos.

- **S**ingleton: patrón singleton
- **T**ight Coupling: alto acoplamiento
- **U**ntestability: código no testeable
- **P**remature optimization: optimizaciones prematuras
- **I**ndescriptive Naming: nombres poco descriptivos
- **D**uplication: duplicidad de código

¿Qué es un *code smell*?

El término *code smell*, o mal olor en el código, fue acuñado por Kent Beck en uno de los capítulos del famoso libro *Refactoring* de Martin Fowler. El concepto, cómo puedes imaginar, está relacionado con el de deuda técnica. En este caso los *code smells* hacen referencia a posibles indicios de que algo no está del todo bien planteado en nuestro código y que es probable que debamos refactorizarlo.

Existen múltiples *code smells*, nosotros vamos a centrarnos en algunos de ellos. Si quieres profundizar más en el tema te recomiendo que leas el capítulo de "Bad Smells" del libro *Refactoring*[1].

---

[1]https://amzn.to/33GqLj9

El patrón singleton

El patrón singleton es quizás uno de los patrones más conocidos y a la vez más denostados. La intención de este patrón es tratar de garantizar que una clase tenga una única instancia y proporcionar un acceso global a ella. Se suele implementar creando en la clase una variable estática que almacena una instancia de si misma, dicha variable se inicializa por primera vez en el constructor o en un *named constructor*.

Javascript

```javascript
//Patrón Singleton

class Singleton {
  constructor(){
    if(Singleton.instance){
      return Singleton.instance;
    }

    this.title = "my singleton";
    Singleton.instance = this;
  }
}

let mySingleton = new Singleton()
let mySingleton2 = new Singleton()

console.log("Singleton 1: ", mySingleton.title);
mySingleton.title = "modified in instance 1"
console.log("Singleton 2: ", mySingleton2.title);
```

Puedes acceder al ejemplo interactivo desde aquí[2].

Una de las razones por las que emplear patrones Singleton se considera una mala práctica es porque generalmente expone la instancia de nuestro objeto al contexto global de la aplicación, pudiendo ser modificado en cualquier momento y perdiendo el control del mismo.

Otra de las razones es que hacer *unit test* con ellas puede llegar a ser un infierno porque cada test debe ser totalmente independiente al anterior y eso no se cumple, por lo que al mantener el estado, la aplicación se hace difícil de testear.

A pesar de que se pueda seguir usando, suele ser más recomendable separar la gestión del ciclo de vida de la clase de la propia clase.

---

[2]https://repl.it/@SoftwareCrafter/STUPID-Singleton

Alto acoplamiento

Seguramente habrás leído o escuchado que un alto acoplamiento entre clases dificulta la mantenibilidad y tolerancia al cambio de un proyecto *software*, y que lo ideal es tener un acoplamiento bajo y buena cohesión pero, ¿a qué se refieren exactamente con estos conceptos?

Acoplamiento y cohesión

La cohesión hace referencia a la relación entre los módulos de un sistema. En términos de clase, podemos decir que presenta alta cohesión si sus métodos están estrechamente relacionados entre sí. Un código con alta cohesión suele ser más *self-contained*, es decir contiene toda las piezas que necesita por lo tanto también suele ser más sencillo de entender. No obstante, si aumentamos demasiado la cohesión, podríamos tender a crear módulos con múltiples responsabilidades.

El acoplamiento, en cambio, hace referencia a la relación que guardan entre sí los módulos de un sistema y su dependencia entre ellos. Si tenemos muchas relaciones entre dichos módulos, con muchas dependencias unos de otros, tendremos un grado de acoplamiento alto. En cambio, si los módulos son independientes unos de otros, el acoplamiento será bajo. Si favorecemos el bajo acoplamiento, obtendremos módulos más pequeños y con responsabilidades más definidas, pero también más dispersos. En el equilibrio está la virtud, es por ello que debemos tratar de favorecer el bajo acoplamiento pero sin sacrificar la cohesión.

Código no testeable

La mayoría de las veces, el código no testeable o dificilmente testeable es causado por un alto acoplamiento y/o cuando no se inyectan las dependencias . Profundizaremos en este último concepto en el principio SOLID de inversión de dependencias.

Aunque hay técnicas específicas para lidiar con estas situaciones, lo ideal es que básicamente viene a decirnos que, para poder cumplir con los test, nuestro diseño debe de tenerlos en cuenta desde el inicio. Así conseguiremos que situaciones problemáticas como alto acomplamiento o dependencias de estado global se manifiestan de manera inmediata. Profundizaremos en esto en la sección de *Unit Testing* y TDD.

Optimizaciones prematuras

"Cuando lleguemos a ese río cruzaremos ese puente"

Mantener abiertas las opciones retrasando la toma de decisiones nos permite darle mayor relevancia a lo que es más importante en una aplicación: las reglas de negocio, donde realmente está el valor. Además, el simple hecho de aplazar estas decisiones nos permitirá tener más información sobre las necesidades reales del proyecto, lo que nos permitirá tomar mejores decisiones ya que estarán basadas en los nuevos requisitos que hayan surgido.

Donald Knuth[3] decía que la optimización prematura es la raíz de todos los males. Con esto no quiere decir que debamos escribir *software* poco optimizado, sino que no debemos anticiparnos a los requisitos y desarrollar abstracciones innecesarias que puedan añadir complejidad accidental.

Complejidad esencial y complejidad accidental

El antipatrón de diseño accidental *complexity*, o complejidad accidental, es la situación a la que se llega cuando en el desarrollo de un producto *software* se implementa una solución de complejidad mayor a la mínima indispensable.

Lo ideal sería que la complejidad fuese la inherente al problema, dicha complejidad es conocida como complejidad esencial. Pero, lo que suele ocurrir es que acabamos introduciendo complejidad accidental por desconocimiento o por problemas de planificación del equipo, lo que hace que el proyecto se vuelva difícilmente mantenible y poco tolerante al cambio.

Si quieres seguir profundizando en estas ideas, te recomiendo el artículo No hay balas de plata — Esencia y accidentes de la ingeniería del software[4] (Título en inglés: *No Silver Bullet — Essence and Accidents of Software Engineering*). Su autor y ganador del premio Alan Turing, Fred Brooks, dividió las propiedades del *software* en esenciales y accidentales basándose en la descomposición que hizo Aristóteles del conocimiento.

---

[3] https://www-cs-faculty.stanford.edu/~knuth/
[4] http://worrydream.com/refs/Brooks-NoSilverBullet.pdf

Nombres poco descriptivos

El siguiente principio STUPID es el de *Indescriptive Naming* o nombres poco descriptivos. Básicamente viene a decirnos que los nombres de variables, métodos y clases deben seleccionarse con cuidado para que den expresividad y significado a nuestro código. Ya hemos profundizado en esto en el capítulo de nombres y variables.

Duplicidad de código

El último principio STUPID viene a hacernos referencia al principio DRY (don't repeat yourself), que ya comenté en el apartado de las funciones. Básicamente venía a decirnos que, por norma general, debemos evitar el código duplicado, aunque existen excepciones.

Duplicidad real

El código en la duplicidad real, además de ser idéntico, cumple la misma función. Por lo tanto, si hacemos un cambio, debemos propagarlo de forma manual a todos las partes de nuestro proyecto donde se encuentre dicho código, además, debemos cambiarlo de la misma manera, lo que incrementa las probabilidades de que se produzca un error humano. Este es el tipo de código duplicado que debemos evitar y que tendríamos que unificar.

Duplicidad accidental

Al contrario que en la duplicidad real, la duplicidad accidental es aquella en la que el código puede parecer el mismo, pero en realidad cumple funciones distintas. En este caso el código tiene un motivo para cambiar, ya que si tenemos que introducir un cambio es probable que solo sea necesario modificar alguno de los sitios donde esté dicho código.

Principios SOLID al rescate

Los principios de SOLID nos indican cómo organizar nuestras funciones y estructuras de datos en componentes y cómo dichos componentes deben estar interconectados. Normalmente éstos suelen ser clases, aunque esto no implica que dichos principios solo sean aplicables al paradigma de la orientación a objetos, ya que podríamos tener simplemente una agrupación de funciones y datos, por ejemplo, en una *Closure*. En definitiva, cada producto *software* tiene dichos componentes, ya sean clases o no, por lo tanto tendría sentido aplicar los principios SOLID.

El acrónimo SOLID fue creado por Michael Feathers[1], y, cómo no, popularizado por Robert C. Martin en su libro *Agile Software Development: Principles, Patterns, and Practices*. Consiste en cinco principios o convenciones de diseño de *software*, ampliamente aceptados por la industria, que tienen como objetivos ayudarnos a mejorar los costes de mantenimiento derivados de cambiar y testear nuestro código.

- **S**ingle Responsibility: Responsabilidad única.
- **O**pen/Closed: Abierto/Cerrado.
- **L**iskov substitution: Sustitución de Liskov.
- **I**nterface segregation: Segregación de interfaz.
- **D**ependency Inversion: Inversión de dependencia.

Es importante resaltar que se trata de principios, no de reglas. Una regla es de obligatorio cumplimiento, mientras que los principios son recomendaciones que pueden ayudar a hacer las cosas mejor.

---

[1] https://michaelfeathers.silvrback.com/

SRP - Principio de responsabilidad única

"Nunca debería haber más de un motivo por el cual cambiar una clase o un módulo". – Robert C. Martin

El primero de los cinco principios, *single responsibility principle* (SRP), principio de responsabilidad única en castellano, viene a decir que una clase debe tener tan solo una única responsabilidad. A finales de los 80, Kent Beck y Ward Cunningham ya aplicaban este principio mediante tarjetas CRC (Class, Responsibility, Collaboration), con las que detectaban responsabilidades y colaboraciones entre módulos.

Tener más de una responsabilidad en nuestras clases o módulos hace que nuestro código sea difícil de leer, de testear y mantener. Es decir, hace que el código sea menos flexible, más rígido y, en definitiva, menos tolerante al cambio.

La mayoría de veces, los programadores aplicamos mal este principio, ya que solemos confundir "tener una única responsabilidad" con "hacer una única cosa". Es más, ya vimos un principio como este último en el capítulo de las funciones: las funciones deben hacer una única cosa y hacerla bien. Este principio lo usamos para refactorizar funciones de gran tamaño en otras más pequeñas, pero esto no aplica a la hora de diseñar clases o componentes.

¿Qué entendemos por responsabilidad?

El principio de responsabilidad única no se basa en crear clases con un solo método, sino en diseñar componentes que solo estén expuestos a una fuente de cambio.

Por lo tanto, el concepto de responsabilidad hace referencia a aquellos actores (fuentes de cambio) que podrían reclamar diferentes modificaciones en un determinado módulo dependiendo de su rol en el negocio.

Veamos un ejemplo:

Javascript

```javascript
class UseCase{
  doSomethingWithTaxes(){
    console.log("Do something related with taxes ...")
  }

  saveChangesInDatabase(){
    console.log("Saving in database ...")
  }

  sendEmail(){
    console.log("Sending email ...")
  }
}

function start(){
  const myUseCase = new UseCase()

  myUseCase.doSomethingWithTaxes();
  myUseCase.saveInDatabase();
  myUseCase.sendEmail();
}

start();
```

Puedes acceder al ejemplo interactivo desde aquí[1].

En este ejemplo tenemos una clase *UseCase* que consta de tres métodos: *doSomethingWithTaxes()*, *sendEmail()* y *saveChangesInDatabase()*. A primera vista se puede detectar que estamos mezclando tres capas de la arquitectura muy diferenciadas: la lógica de negocio, la lógica de presentación y la lógica de persistencia. Pero, además, esta clase no cumple con el principio de responsabilidad única porque el funcionamiento de cada uno de los métodos son susceptibles a ser cambiados por tres actores diferentes.

El método *doSomethingWithTaxes()* podría ser especificado por el departamento de contabilidad, mientras que *sendEmail()* podría ser susceptible a cambio por el departamento de *marketing* y, para finalizar, el método *saveChangesInDatabase()*

---

[1] https://repl.it/@SoftwareCrafter/SOLID-SRP

podría ser especificado por el departamento encargado de la base de datos.

Es probable que no existan, de momento, estos departamentos en tu empresa, y que la persona encargada de asumir estos puestos por ahora seas tú, pero ten en cuenta que las necesidades de un proyecto van evolucionando. Es por esta razón que uno de los valores más importantes del *software* es la tolerancia al cambio. Por ello, aunque estemos trabajando en un proyecto pequeño, debemos hacer el ejercicio de diferenciar las responsabilidades para conseguir que nuestro *software* sea lo suficientemente flexible como para poder satisfacer las nuevas necesidades que puedan aparecer.

Aplicando el SRP

Volviendo al ejemplo, una forma de separar estas responsabilidades podría ser moviendo cada una de las funciones de la clase *UseCase* a otras, tal que así:

Javascript

```javascript
class UseCase{
  constructor(repo, notifier){
    this.repo = repo;
    this.notifier = notifier;
  }

  doSomethingWithTaxes(){
    console.log("Do something related with taxes ...")
  }

  saveChanges(){
    this.repo.update();
  }

  notify(){
    this.notifier.notify("Hi!")
  }
}


class Repository{
  add(){
    console.log("Adding in database");
  }

  update(){
    console.log("Updating in database...");
  }

  remove(){
    console.log("Deleting from database ...");
```

```
  }
  find(){
    console.log("Finding from database ...");
  }
}

class NotificationService{
  notify(message){
    console.log("Sending message ...");
    console.log(message);
  }
}

function start(){
  const repo = new Repository()
  const notifier = new NotificationService()
  const myUseCase = new UseCase(repo, notifier)

  myUseCase.doSomethingWithTaxes();
  myUseCase.saveChanges();
  myUseCase.notify();
}

start();
```

Puedes acceder al ejemplo interactivo desde aquí[2].

La clase *UseCase* pasaría a representar un caso de uso con una responsabilidad más definida, ya que ahora el único actor relacionado con las clases es el encargado de la especificación de la operación *doSomethingWithTaxes()*. Para ello hemos extraído la implementación del resto de operaciones a las clases *Repository* y *NotificacionService*.

La primera implementa un repositorio (como podrás comprobar es un repositorio *fake*) y se responsabiliza de todas las operaciones relacionadas con la persistencia. Por otro lado, la clase *NotificationService*, se encargaría de toda la lógica relacionada con las notificaciones al usuario. De esta manera ya tendríamos separadas las tres responsabilidades que habíamos detectado.

Ambas clases se inyectan vía constructor a la clase *UseCase*, pero, como puedes comprobar, se trata de implementaciones concretas, con lo cual el acoplamiento sigue siendo alto. Continuaremos profundizando en esto a lo largo de los siguientes capítulos, sobre todo en el de inversión de dependencias.

---

[2]https://repl.it/@SoftwareCrafter/SOLID-SRP2

Detectar violaciones del SRP:

Saber si estamos respetando o no el principio de responsabilidad única puede ser, en ocasiones, un tanto ambiguo A continuación veremos un listado de situaciones que nos ayudarán a detectar violaciones del SRP:

- **Nombre demasiado genérico**. Escoger un nombre excesivamente genérico suele derivar en un *God Object*, un objeto que hace demasiadas cosas.

- **Los cambios suelen afectar a esta clase**. Cuando un elevado porcentaje de cambios suele afectar a la misma clase, puede ser síntoma de que dicha clase está demasiado acoplada o tiene demasiadas responsabilidades.

- **La clase involucra múltiples capas de la arquitectura.** Si, como vimos en el caso del ejemplo, nuestra clase hace cosas como acceder a la capa de persistencia o notificar al usuario, además de implementar la lógica de negocio, está violando claramente el SRP.

- **Número alto de *imports***. Aunque esto por sí mismo no implica nada, podría ser un síntoma de violación.

- **Cantidad elevada de métodos públicos.** Cuando una clase tiene una API con un número alto de métodos públicos, suele ser síntoma de que tiene demasiadas responsabilidades.

- **Excesivo número de líneas de código**. Si nuestra clase solo tiene una única responsabilidad, su número de líneas no debería, en principio, ser muy elevado.

OCP - Principio Abierto/Cerrado

"Todas las entidades software deberían estar abiertas a extensión, pero cerradas a modificación". – Bertrand Meyer[1]

El principio *Open-Closed* (Abierto/Cerrado), enunciado por Bertrand Meyer, nos recomienda que, en los casos en los que se introduzcan nuevos comportamientos en sistemas existentes, en lugar de modificar los componentes antiguos, se deben crear componentes nuevos. La razón es que si esos componentes o clases están siendo usadas en otra parte (del mismo proyecto o de otros) estaremos alterando su comportamiento y provocando efectos indeseados.

Este principio promete mejoras en la estabilidad de tu aplicación al evitar que las clases existentes cambien con frecuencia, lo que también hace que las cadenas de dependencia sean un poco menos frágiles, ya que habría menos partes móviles de las que preocuparse. Cuando creamos nuevas clases es importante tener en cuenta este principio para facilitar su extensión en un futuro. Pero, en la práctica, ¿cómo es posible modificar el comportamiento de un componente o módulo sin modificar el código existente?

Aplicando el OCP

Aunque este principio puede parecer una contradicción en sí mismo, existen varias técnicas para aplicarlo, pero todas ellas dependen del contexto en el que estemos. Una de estas técnicas podría ser utilizar mecanismos de extensión,

---

[1]https://en.wikipedia.org/wiki/Bertrand_Meyer

como la herencia o la composición, para utilizar esas clases a la vez que modificamos su comportamiento. Como comentamos en el capítulo de clases en la sección de Clean Code, deberías tratar de priorizar la composición frente a la herencia.

Creo que un buen contexto para ilustrar cómo aplicar el OCP podría ser tratar de desacoplar un elemento de infraestructura de la capa de dominio. Imagina que tenemos un sistema de gestión de tareas, concretamente tenemos una clase llamada *TodoService*, que se encarga de realizar una petición HTTP a una API REST para obtener las diferentes tareas que contiene el sistema:

Javascript

```javascript
const axios = require('axios');

class TodoExternalService{
    requestTodoItems(callback){
        const url = 'https://jsonplaceholder.typicode.com/todos/';
        axios
            .get(url)
            .then(callback)
    }
}

new TodoExternalService()
  .requestTodoItems(response => console.log(response.data))
```

Puedes acceder al ejemplo interactivo desde aquí[2].

En este ejemplo están ocurriendo dos cosas, por un lado estamos acoplando un elemento de infraestructura y una librería de terceros en nuestro servicio de dominio y, por otro, nos estamos saltando el principio de abierto/cerrado, ya que si quisiéramos reemplazar la librería *axios* por otra, como *fetch*, tendríamos que modificar la clase. Para solucionar estos problemas vamos a hacer uso del patrón adaptador.

Patrón adaptador

El patrón *adapter* o adaptador pertenece a la categoría de patrones estructurales. Se trata de un patrón encargado de homogeneizar APIs, esto nos facilita la tarea de desacoplar tanto elementos de diferentes capas de nuestro sistema como librerías de terceros.

---

[2]https://repl.it/@SoftwareCrafter/SOLID-OCP-2

Para aplicar el patrón *adapter* en nuestro ejemplo, necesitamos crear una nueva clase que vamos a llamar *ClientWrapper*. Dicha clase va a exponer un método *makeRequest* que se encargará de realizar las peticiones para una determinada URL recibida por parámetro. También recibirá un *callback* en el que se resolverá la petición:

Javascript

```javascript
class ClientWrapper{
  makeGetRequest(url, callback){
    return axios
      .get(url)
      .then(callback);
  }
}
```

ClientWrapper es una clase que pertenece a la capa de infraestructura. Para utilizarla en nuestro dominio de manera desacoplada debemos inyectarla vía constructor (profundizaremos en la inyección de dependencias en el capítulo de inversión de dependencias). Así de fácil:

Javascript

```javascript
//infrastructure/ClientWrapper
const axios = require('axios');

export class ClientWrapper{
  makeGetRequest(url, callback){
    return axios
      .get(url)
      .then(callback);
  }
}

//domain/TodoService
export class TodoService{
  client;

  constructor(client){
    this.client = client;
  }

  requestTodoItems(callback){
    const url = 'https://jsonplaceholder.typicode.com/todos/';
    this.client.makeGetRequest(url, callback)
  }
}

//index
import {ClientWrapper} from './infrastructure/ClientWrapper'
import {TodoService} from './domain/TodoService'
```

```
const start = () => {
  const client = new ClientWrapper();
  const todoService = new TodoService(client);

  todoService.requestTodoItems(response => console.log(response.data))
}

start();
```

Puedes acceder al ejemplo completo desde aquí.[3]

Como puedes observar, hemos conseguido eliminar la dependencia de *axios* de nuestro dominio. Ahora podríamos utilizar nuestra clase *ClientWrapper* para hacer peticiones HTTP en todo el proyecto. Esto nos permitiría mantener un bajo acoplamiento con librerías de terceros, lo cual es tremendamente positivo para nosotros, ya que si quisieramos cambiar la librería *axios* por *fetch*, por ejemplo, tan solo tendríamos que hacerlo en nuestra clase *ClientWrapper:*

Javascript

```
export class ClientWrapper{
  makeGetRequest(url, callback){
    return fetch(url)
      .then(response => response.json())
      .then(callback)
  }
}
```

De esta manera hemos conseguido cambiar *requestTodoItems* sin modificar su código, con lo que estaríamos respetando el principio abierto/cerrado.

Detectar violaciones del OCP

Como habrás podido comprobar, este principio está estrechamente relacionado con el de responsabilidad única. Normalmente, si un elevado porcentaje de cambios suele afectar a nuestra clase, es un síntoma de que dicha clase, además de estar demasiado acoplada y de tener demasiadas responsabilidades, está violando el principio abierto cerrado.

Además, como vimos en el ejemplo, el principio se suele violar muy a menudo cuando involucramos diferentes capas de la arquitectura del proyecto.

---

[3]https://repl.it/@SoftwareCrafter/SOLID-OCP1

LSP - Principio de sustitución de Liskov

"Las funciones que utilicen punteros o referencias a clases base deben ser capaces de usar objetos de clases derivadas sin saberlo". – Robert C. Martin

El tercer principio SOLID debe su nombre a la doctora **Barbara Jane Huberman**, más conocida como Barbara Liskov[1]. Esta reconocida ingeniera de *software* estadounidense, además de ser ganadora de un premio Turing (el Nobel de la informática), fue la primera mujer en Estados Unidos en conseguir un doctorado en Ciencias Computacionales.

Barbara Liskov y Jeanette Wing[2], de manera conjunta, definieron en 1994 dicho principio, el cual viene a decir algo así: siendo U un subtipo de T, cualquier instancia de T debería poder ser sutituida por cualquier instancia de U sin alterar las propiedades del sistema. En otras palabras, si una clase A es extendida por una clase B, debemos de ser capaces de sustituir cualquier instancia de A por cualquier objeto de B sin que el sistema deje de funcionar o se den comportamientos inesperados.

Este principio viene a desmentir la idea preconcebida de que las clases son una forma directa de modelar el mundo, pero nada más lejos de la realidad. A continuación veremos el por qué de esto con el típico ejemplo del rectángulo y del cuadrado.

---

[1]https://en.wikipedia.org/wiki/Barbara_Liskov
[2]https://en.wikipedia.org/wiki/Jeannette_Wing

Aplicando el LSP

Un cuadrado, desde el punto de vista matemático, es exactamente igual que un rectángulo, ya que un cuadrado es un rectángulo con todos los lados iguales. Por lo tanto, *a priori,* podríamos modelar un cuadrado extendiendo una clase rectángulo, tal que así:

Javascript

```javascript
class Rectangle {
  constructor() {
    this.width = 0;
    this.height = 0;
  }

  setWidth(width) {
    this.width = width;
  }

  setHeight(height) {
    this.height = height;
  }

  getArea() {
    return this.width * this.height;
  }
}

class Square extends Rectangle {
  setWidth(width) {
    this.width = width;
    this.height = width;
  }

  setHeight(height) {
    this.width = height;
    this.height = height;
  }
}
```

En el caso del cuadrado, el ancho es igual que el alto, es por ello que cada vez que llamamos a *setWidth* o a *setHeight*, establecemos el mismo valor para el ancho que para el alto. *A priori*, esto podría parecer una solución valida. Vamos a crear un test unitario (profundizaremos en los test unitarios en la sección dedicada al *testing*) para comprobar que el método *getArea()* devuelve el resultado correcto:

Javascript

```javascript
test('Should be able to calculate the area for the rectangle', ()=>{
  let rectangle = new Rectangle()
  rectangle.setHeight(5)
  rectangle.setWidth(4)

  expect(rectangle.getArea()).toBe(20)
})
```

Si ejecutamos el test, pasaría correctamente pero, ¿qué sucedería en el caso de reemplazar la clase *Rectangle* por *Square*? Pues directamente el test no pasaría, ya que el resultado esperado sería 16 en lugar de 20. Estaríamos, por tanto, violando el principio de sustitución de Liskov. Puedes probar el código del ejemplo desde aquí[3]

```
> jest --colors --config /home/runner/config.json
FAIL  ./tests.js
  √ Should be able to calculate the area for the rectangle (6ms)
  × Should be able to calculate the area for the square (8ms)

  • Should be able to calculate the area for the square

    expect(received).toBe(expected) // Object.is equality

    Expected value to be:
      20
    Received:
      16
```

Como podemos observar, el problema reside en que nos vemos obligados a re-implementar los métodos públicos *setHeight* y *setWidth*. Estos métodos tienen sentido en la clase *Rectangle*, pero no lo tienen en la clase *Square*. Una posible solución para esto podría ser crear una jerarquía de clase diferentes, extrayendo una clase superior que tenga rasgos comunes y modelando cada clase hija acorde a sus especificaciones:

---

[3]https://repl.it/@SoftwareCrafter/SOLID-LSP

Javascript

```javascript
class Figure{
  constructor() {
    this.width = 0;
    this.height = 0;
  }

  getArea() {
    return this.width * this.height;
  }
}

class Rectangle extends Figure {
  constructor(width, height) {
    super();
    this.width = width;
    this.height = height;
  }
}

class Square extends Rectangle {
  constructor(length) {
    super();
    this.width = length;
    this.height = length;
  }
}

test('Should be able to calculate the area for the rectangle', ()=>{
  let rectangle = new Rectangle(5, 4)

  expect(rectangle.getArea()).toBe(20)
})

test('Should be able to calculate the area for the square', ()=>{
  let square = new Square(5)

  expect(square.getArea()).toBe(25)
})
```

Hemos creado una clase *Figure* de la cual heredan las clases *Square* y *Rectangle*. En estas clases hijas ya no se exponen los métodos para establecer el ancho y el alto, con lo cual son perfectamente intercambiables unas por otras, por lo tanto cumple con el principio de LSP. Puedes acceder al ejemplo interactivo desde aquí[4].

---

[4]https://repl.it/@SoftwareCrafter/SOLID-LSP-2

```
Jest v22.1.2 node v7.4.0 linux/amd64
> jest --colors --config /home/runner/config.json
PASS  ./tests.js
  ✓ Should be able to calculate the area for the rectangle (5ms)
  ✓ Should be able to calculate the area for the square (1ms)

Test Suites: 1 passed, 1 total
Tests:       2 passed, 2 total
Snapshots:   0 total
Time:        1.306s
Ran all test suites.
```

De todas formas, si lo piensas bien, este es un caso forzado de herencia, ya que el método de cálculo de área de la clase *Figure* solo funcionaría con cuadrados y rectángulos. En este caso, una mejor solución pasaría por utilizar las interfaces de TypeScript para definir un contrato y aplicar polimorfismo. Veremos esto en el capítulo sobre el principio de segregación de interfaces.

Detectar violaciones del LSP

Como acabamos de ver, la manera más sencilla para detectar violaciones en el principio de sustitución de Liskov es observando si los métodos sobrescritos en una clase hija tienen el comportamiento esperado. Una forma muy común de violación del LSP suele ser cuando los métodos sobreescritos de una clase hija devuelven un *null* o lanzan una excepción.

ISP - Principio de segregación de la interfaz

"Los clientes no deberían estar obligados a depender de interfaces que no utilicen". – Robert C. Martin

El principio de segregación de la interfaz fue definido por Robert C. Martin cuando trabajaba en Xerox como consultor. Este principio viene a decir que una clase no debería depender de métodos o propiedades que no necesita. Por lo tanto, cuando definimos el contrato de una interfaz, debemos centrarnos en las clases que la van a usar (las interfaces pertenecen a la clase cliente), no en las implementaciones que ya tenemos desarrolladas.

En lenguajes que no disponen de interfaces, como JavaScript, este principio no tiene demasiado sentido y se suele confiar en el buen hacer del propio desarrollador para que aplique el concepto de *duck typing*[1] de forma coherente. Dicho concepto viene a decir que los métodos y propiedades de un objeto determinan su validez semántica, en vez de su jerarquía de clases o la implementación de una interfaz específica.

En los ejemplos de este capítulo vamos a utilizar TypeScript[2] y sus interfaces. Estas, además de ayudarnos a comprender mejor este principio, son una herramienta muy poderosa a la hora de definir contratos en nuestro código.

---

[1]https://en.wikipedia.org/wiki/Duck_typing#In_Python
[2]https://softwarecrafters.io/typescript/typescript-javascript-introduccion

Aplicando el ISP

Las interfaces, como ya sabemos, son abstracciones que definen el comportamiento de las clases que la implementan. La problemática surge cuando esas interfaces tratan de definir más métodos de los necesarios, ya que las clases que la implementan no necesitarán dichos métodos y nos veremos obligados a crear implementaciones forzosas para los mismos, siendo muy común lanzar una excepción, lo que nos llevará a incumplir el principio de sustitución de Liskov.

Veamos esto con un ejemplo: imagina que necesitamos diseñar un sistema que nos permita controlar de forma básica un automóvil independientemente del modelo, por lo que definimos una interfaz tal que así:

```typescript
interface Car{
  accelerate: () => void;
  brake:() => void;
  startEngine: () => void;
}
```

A continuación definimos una clase Mustang que implementa dicha interfaz:

Typescript

```typescript
class Mustang implements Car{
  accelerate(){
    console.log("Speeding up...")
  }

  brake(){
    console.log("Stopping...")
  }

  startEngine(){
    console.log("Starting engine... ")
  }
}
```

Hasta aquí todo bien. Pero, de repente un día nuestro sistema llega a oídos de Elon Musk y quiere que lo adaptemos a su empresa, Tesla Motors. Como sabréis, Tesla, además del componente eléctrico de sus vehículos, tiene algunos elementos diferenciadores sobre el resto de compañías automovilísticas, como son el *auto pilot* y el modo Ludicrous Speed. Nosotros como no podía ser menos, adaptamos nuestro sistema para controlar, además de los vehiculos actuales, los del amigo Elon Musk.

Para ello añadimos a la interfaz *Car* el nuevo comportamiento asociado al nuevo cliente:

Typescript

```typescript
interface Car{
  accelerate: () => void;
  brake:() => void;
  startEngine: () => void;
  autoPilot: () => void;
  ludicrousSpeed: () => void;
}
```

Implementamos la interfaz modificada en una nueva clase *ModelS*:

Typescript

```typescript
class ModelS implements Car{
  accelerate(){
    console.log("Speeding up...")
  }

  brake(){
    console.log("Stopping...")
  }

  startEngine(){
    console.log("Starting engine... ")
  }

  ludicrousSpeed(){
    console.log("wooooooooow ...")
  }

  autoPilot(){
    console.log("self driving... ")
  }
}
```

Pero, ¿que pasa ahora con la clase *Mustang*? Pues que el compilador de TypeScript nos obliga a implementar los métodos adicionales para cumplir con el contrato que hemos definido en la interfaz *Car*:

Typescript

```typescript
class Mustang implements Car{
  accelerate(){
    console.log("Speeding up...")
  }

  brake(){
    console.log("Stopping...")
  }

  startEngine(){
    console.log("Starting engine... ")
  }

  ludicrousSpeed(){
    throw new Error("UnSupported operation")
  }

  autoPilot(){
    throw new Error("UnSupported operation")
  }
}
```

Ahora cumplimos con la interfaz, pero para ello hemos tenido que implementar los métodos *autoPilot()* y *ludicrousSpeed*() de manera forzosa. Al hacer esto estamos **violando** claramente el principio de segregación de interfaces, ya que estamos forzando a la clase *Cliente* a implementar métodos que no puede utilizar.

La solución es sencilla, podemos dividir la interfaz en dos trozos, una para los comportamientos básicos de cualquier vehículo (*Car*) y otra interfaz más específica (*Tesla*) que describa el comportamiento de los modelos de la marca. Puedes acceder al editor interactivo con el ejemplo completo desde aquí[3].

Typescript

```typescript
interface Car{
  accelerate: () => void;
  brake:() => void;
  startEngine: () => void;
}

interface Tesla{
  autoPilot: () => void;
  ludicrousSpeed: () => void;
}
```

Por último, debemos refactorizar, por un lado, la clase *Mustang* para que solo

---

[3]https://repl.it/@SoftwareCrafter/SOLID-ISP3

implemente *Car* y por otro, la clase *ModelS*, para que implemente tanto la interfaz *Car*, como *Tesla*.

Typescript

```typescript
class Mustang implements Car{
  accelerate(){
    console.log("Speeding up...")
  }

  brake(){
    console.log("Stopping...")
  }

  startEngine(){
    console.log("Starting engine... ")
  }
}

class ModelS implements Car, Tesla{
  accelerate(){
    console.log("Speeding up...")
  }

  brake(){
    console.log("Stopping...")
  }

  startEngine(){
    console.log("Starting engine... ")
  }

  ludicrousSpeed(){
    console.log("wooooooooow ...")
  }

  autoPilot(){
    console.log("self driving... ")
  }
}
```

Es importante ser conscientes de que dividir la interfaz no quiere decir que dividamos su implementación. Cuando se aplica la idea de que una única clase implemente varias interfaces específicas, a las interfaces se les suele denominar *role interface*[4].

---

[4]http://martinfowler.com/bliki/RoleInterface.html

Detectar violaciones del ISP

Como podrás intuir, este principio está estrechamente relacionado con el de responsabilidad única y con el de sustitución de Liskov. Por lo tanto, si las interfaces que diseñemos nos obligan a violar dichos principios, es muy probable que también te estés saltando el ISP. Mantener tus interfaces simples y específicas y, sobre todo, tener presente la clase cliente que las va a implementar te ayudará a respetar este principio.

DIP - Principio de inversión de dependencias

"Los módulos de alto nivel no deben depender de módulos de bajo nivel. Ambos deben depender de abstracciones. Las abstracciones no deben depender de concreciones. Los detalles deben depender de abstracciones". – Robert C. Martin

En este capítulo vamos a tratar el quinto y último de los principios, la inversión de dependencia. Este principio se atribuye a Robert C. Martin y se remonta nada menos que al año 1995. Este principio viene a decir que las clases o módulos de las capas superiores no deberían depender de las clases o módulos de las capas inferiores, sino que ambas deberían depender de abstracciones. A su vez, dichas abstracciones no deberían depender de los detalles, sino que son los detalles los que deberían depender de las mismas. Pero, ¿esto qué significa? ¿A qué se refiere con módulos de bajo y alto nivel?¿Cuál es el motivo de depender de abstracciones?

Módulos de alto nivel y módulos de bajo nivel

Cuando Uncle Bob dice que los módulos de alto nivel no deberían depender de módulos de bajo nivel, se refiere a que los componentes importantes (capas superiores) no deberían depender de componentes menos importantes (capas inferiores). Desde el punto de vista de la arquitectura hexagonal, los componentes más importantes son aquellos centrados en resolver el problema subyacente al negocio, es decir, la capa de dominio. Los menos importantes son los que están próximos a la infraestructura, es decir, aquellos relacionados con la UI, la persistencia, la comunicación con API externas, etc. Pero, ¿esto por qué es así? ¿Por qué la capa de infraestructura es menos importante que la capa de dominio?

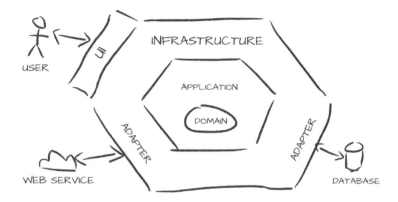

Imagina que en nuestra aplicación usamos un sistema de persistencia basado en ficheros, pero por motivos de rendimiento o escalabilidad queremos utilizar una base de datos documental tipo mongoDB. Si hemos desacoplado correctamente la capa de persistencia, por ejemplo aplicando el patrón repositorio, la implementación de dicha capa le debe ser indiferente a las reglas de negocio (capa de dominio). Por lo tanto cambiar de un sistema de persistencia a otro, una vez implementado el repositorio, se vuelve prácticamente trivial. En cambio, una modificación de las reglas de negocio sí que podría afectar a qué datos se deben almacenar, con lo cual afectaría a la capa de persistencia.

Esto pasa exactamente igual con la capa de presentación, a nuestra capa de dominio le debe dar igual si utilizamos *React*, *Vue* o *Angular*. Incluso, aunque se trata de un escenario poco realista, deberíamos tener la capacidad de poder reemplazar la librería que usemos en nuestras vistas, por ejemplo *React*, por *Vue* o *Angular*. En cambio, una modificación en las reglas de negocio sí es probable que se vea reflejada en la UI.

Depender de abstracciones

Cuando hablamos de abstracciones nos estamos refiriendo a clases abstractas o interfaces. Uno de los motivos más importantes por el cual las reglas de negocio o capa de dominio deben depender de estas y no de concreciones es que aumenta su tolerancia al cambio. Pero, ¿por qué obtenemos este beneficio?

Cada cambio en un componente abstracto implica un cambio en su implementación. Por el contrario, los cambios en implementaciones concretas, la mayoría de las veces, no requieren cambios en las interfaces que implementa. Por lo tanto, las abstracciones tienden a ser más estables que las implementaciones. Con lo cual, si nuestro dominio depende de interfaces, será más tolerante al cambio, siempre y cuando estas se diseñen respetando el principio de sustitución de Liskov y el de segregación de la interfaz.

Pero, ¿cómo escribimos nuestro código para depender de abstracciones y no de concreciones? No seas impaciente, aún debemos introducir un concepto más, la inyección de dependencias.

Inyección de dependencias

En programación nos referimos a **dependencia** cuando módulo o componente requiere de otro para poder realizar su trabajo. Decimos que un componente *A* tiene una dependencia con otro componente *B*, cuando *A* usa *B para realizar alguna tarea. Dicha dependencia se manifiesta porque el componente* A* no puede funcionar sin el componente *B*.

Las dependencias en el *software* son necesarias. La problemática con estas viene dada por el grado de acoplamiento que tiene la dependencia con el componente. Como vimos en el capítulo sobre dependencia y cohesión, debemos tratar de favorecer un grado de acoplamiento bajo, pero sin sacrificar la cohesión. Analicemos el siguiente ejemplo:

Javascript

```javascript
class UseCase{
  constructor(){
    this.externalService = new ExternalService();
  }

  doSomething(){
    this.externalService.doExternalTask();
  }
}

class ExternalService{
  doExternalTask(){
    console.log("Doing task...")
  }
}
```

En este caso nos encontramos ante una situación de alto acoplamiento, ya que la clase *UseCase* tiene una **dependencia oculta** de la clase *ExternalService*. Si, por algún motivo tuviéramos que cambiar la implementación de la clase *ExternalService*, la funcionalidad de la clase *UseCase* podría verse afectada. ¿Te imaginas la pesadilla que esto supone a nivel de mantenimiento en un proyecto real? Para lidiar con esta problemática debemos empezar por aplicar el **patrón de inyección de dependencias**.

El término fue acuñado por primera vez por Martin Fowler. Se trata de un patrón de diseño que se encarga de extraer la responsabilidad de la creación de instancias de un componente para delegarla en otro. Aunque puede sonar complejo es muy simple, veamos cómo aplicarlo en el ejemplo:

Javascript

```javascript
class UseCase{
  constructor(externalService: ExternalService){
    this.externalService = externalService;
  }

  doSomething(){
    this.externalService.doExternalTask();
  }
}

class ExternalService{
  doExternalTask(){
    console.log("Doing task...")
  }
}
```

Ya está, así de sencillo, esto es inyectar la dependencia vía **constructor**, que también se podría hacer vía método **setter**. Ahora, aunque seguimos teniendo un grado de acoplamiento alto, la **dependencia es visible**, con lo cual ya nos queda más clara la relación entre las clases.

Como puedes ver, se trata de un concepto muy simple pero que los autores normalmente se complican a la hora de explicarlo.

Aplicando el DIP

En nuestro ejemplo seguimos teniendo un grado de acoplamiento alto, ya que la clase *UseCase* hace uso de una implementación concreta de *ExternalService*. Lo ideal aquí es que la clase cliente (*UseCase*) dependa de una abstracción (interfaz) que defina el contrato que necesita, en este caso *doExternalTask()*, es decir, la clase menos importante *ExternalService*, debe adaptarse a las necesidades de la clase más importante, *UseCase*.

Javascript

```javascript
interface IExternalService{
  doExternalTask: () => void;
}

class UseCase{
  externalService: IExternalService;

  constructor(externalService: IExternalService){
    this.externalService = externalService;
  }

  doSomething(){
    this.externalService.doExternalTask();
  }
}

class ExternalService implements IExternalService {
  doExternalTask(){
    console.log("Doing external task...")
  }
}

const client = new UseCase(new ExternalService());

client.doSomething();
```

Puedes acceder al ejemplo interactivo desde aquí[1].

Ahora el código de la clase *UseCase* está totalmente desacoplado de la clase *ExternalService* y tan solo depende de una interfaz creada en base a sus necesidades, con lo cual podemos decir que hemos **invertido la dependencia**.

---

[1]https://repl.it/@SoftwareCrafter/SOLID-DIP

Detectando violaciones del DIP

Quizás el mejor consejo para detectar si estamos violando el principio de inversión de la dependencia es comprobar que, en la arquitectura de nuestro proyecto, los elementos de alto nivel no tienen dependencias de los elementos de bajo nivel. Desde el punto de vista de la arquitectura hexagonal, esto se refiere a que la capa de dominio no debe saber de la existencia de la capa de aplicación, y, de igual modo, los elementos de la capa de aplicación no deben de conocer nada de la capa de infraestructura. Además, las dependencias con librerías de terceros deben estar en esta última.

SECCIÓN III: TESTING Y TDD

Introducción al testing

"El testing de software puede verificar la presencia de errores pero no la ausencia de ellos". – Edsger Dijkstra[1]

La primera de las cuatro reglas del diseño simple de Kent Beck nos dice que nuestro código debe de pasar correctamente el conjunto de test automáticos. Para Kent Beck esta es la regla más importante y tiene todo el sentido, ya que si no puedes verificar que tu sistema funciona, de nada sirve que hayas hecho un gran diseño a nivel de arquitectura o que hayas aplicado todas las buenas prácticas que hemos visto hasta ahora.

---

[1]https://es.wikipedia.org/wiki/Edsger_Dijkstra

El *testing de software* cobra especial importancia cuando trabajamos con lenguajes dinámicos como JavaScript, sobre todo cuando la aplicación adquiere cierta complejidad. La principal razón de esto es que no hay una fase de compilación como en los lenguajes de tipado estático, con lo cual no podemos detectar fallos hasta el momento de ejecutar la aplicación.

Esta es una de las razones por lo que se vuelve muy interesante el uso de TypeScript, ya que el primer control de errores lo realiza su compilador. Esto no quiere decir que no tengamos *testing* si lo usamos, sino que, en mi opinión, lo ideal es usarlos de forma combinada para obtener lo mejor de ambos mundos.

A continuación veremos algunos conceptos generales sobre el *testing* de *software*, como los diferentes tipos que existen. Para luego centrarnos en los que son más importantes desde el punto de vista del desarrollador: los tests unitarios.

Tipos de tests de software

Aunque en esta sección nos vamos a centrar en los test que escriben los desarrolladores, en concreto en los test unitarios, creo que es interesante realizar, a grandes rasgos, una clasificación de los diferentes tipos que existen. Para ello lo primero es contestar a la pregunta:

¿Qué entendemos por testing?

El *testing* de *software* se define como un conjunto de técnicas que se utilizan para verificar que el sistema desarrollado, ya sea por nosotros o por terceros, cumple con los requerimientos establecidos.

Test manuales vs automáticos

La primera gran diferenciación que podemos realizar es atendiendo a cómo se realiza su ejecución, es decir, a si se hace de forma manual o automática. El *testing* manual consiste en preparar una serie de casos y ejecutar a mano los elementos necesarios, como podrás imaginar tiene muchísimas limitaciones, ya que son lentos, difíciles de replicar, caros y además cubren muy pocos casos. Es por ello que la mayoría de los test deberían de ser automáticos.

Aunque debemos ser conscientes de que no todo es automatizable, ya que a veces se dan casuísticas en las que se vuelve muy costoso, o directamente imposible, automatizar ciertas situaciones y no queda más remedio que hacer ciertas pruebas de forma manual. De ahí la importancia de contar con un buen equipo de QA que complemente al equipo de desarrollo.

Test funcionales vs no funcionales

Una forma quizás más intuitiva de clasificar los diferentes tipos de test de software que existen[1] es agrupándolos en test funcionales y test no funcionales.

Tests funcionales

Los test funcionales hacen referencia a las pruebas que verifican el correcto comportamiento del sistema, subsistema o componente *software*. Es decir, validan que el código cumpla con las especificaciones que llegan desde negocio y que además esté libre de bugs. Dentro de este tipo de pruebas encontramos principalmente las siguientes:

- **Tests Unitarios:** Este tipo de pruebas comprueban elementos básicos de nuestro *software* de forma aislada. Son los test más importantes a la hora de validar las reglas de negocio que hemos desarrollado. Nos centraremos en este tipo de pruebas a lo largo de la sección de *testing*.

- **Tests de integración:** Los test de integración son aquellos que prueban conjuntos de elementos básicos, normalmente suelen incluirse en este tipo de pruebas algunos elementos de infraestructura, como base de datos o llamadas a APIs.

- **Tests de sistema:** Este tipo de test, también denominados end-to-end o de extremo a extremo, prueban múltiples elementos de nuestra arquitectura simulando el comportamiento de un actor con nuestro software.

- **Tests de regresión:** Este tipo de pruebas se encargan de verificar la funcionalidad ya entregada, es decir, son pruebas que se usan para detectar que en los cambios introducidos en el sistema no se genera un comportamiento inesperado. En definitiva, cualquier tipo de test funcional de los que hemos visto podría ser un test de regresión, siempre y cuando hayan pasado correctamente en algún momento y, tras realizar algún cambio en el sistema, empiecen a fallar.

Además de este tipo de test funcionales puedes encontrar algunos más con nomenclatura diferente como podrían ser: *sanity testing*, *smoke testing*, *UI testing*,

---

[1]https://www.softwaretestinghelp.com/types-of-software-testing/

Beta/Acceptance testing, etc. Todos ellos pertenecen a uno o a varios de los tipos de test funcionales anteriores.

Tests no funcionales

El objetivo de los test no funcionales es la verificación de un requisito que especifica criterios que pueden usarse para juzgar la operación de un sistema, como por ejemplo la disponibilidad, accesibilidad, usabilidad, mantenibilidad, seguridad y/o rendimiento. Es decir, a diferencia de los funcionales, se centran en comprobar cómo responde el sistema, no en qué hace o debería hacer.

Podemos clasificar los test no funcionales según el tipo de requisito no funcional que abarcan, entre todos ellos destacan:

- **Tests de carga:** Son test mediante los que se observa el comportamiento de una sistema *software* bajo diferentes números de peticiones durante un tiempo determinado.

- **Tests de velocidad:** Comprueban si el sistema genera los resultados en un tiempo aceptable.

- **Tests de usabilidad:** Son pruebas en las que se trata de evaluar la UX del sistema.

- **Tests de seguridad:** Se trata de un conjunto de pruebas en las que se trata de evaluar si el sistema desarrollado está expuesto a vulnerabilidades conocidas.

Tanto los test no funcionales como los funcionales siguen el mismo proceso a la hora de generarlos:

- **Escenario inicial**: Se crean una serie de datos de entrada para poder ejecutar las pruebas.

- **Ejecución del tests**: Se ejecuta la prueba con sus correspondientes datos de entrada sobre el sistema.

- **Evaluación del resultado**: El resultado obtenido se analiza para ver si coincide con lo esperado.

Normalmente los test no funcionales son generados por el equipo de QA, mientras que los test funcionales suelen ser creados por los desarrolladores, sobre todo los test unitarios, de integración y la mayoría de los test de sistema.

Pirámide de testing

La Pirámide de Testing, también conocida como Pirámide de Cohn (por su autor Mike Cohn[2]), es una forma muy extendida y aceptada de organizar los test funcionales en distintos niveles, siguiendo una estructura con forma de pirámide:

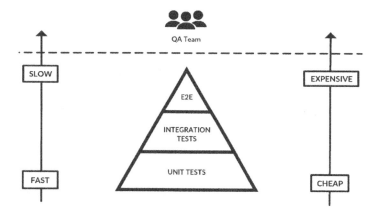

La pirámide es muy simple de entender, la idea es tratar de organizar la cantidad de test que tenemos en base a su velocidad de ejecución y al coste de crearlos y mantenerlos. Es por ello que los test unitarios aparecen en la base de la pirámide, ya que, si los diseñamos centrándonos en una sola unidad de *software* de forma aislada, son muy rápidos de ejecutar, fáciles de escribir y baratos de mantener.

En el otro extremo se encuentran los test *end-to-end* o de sistema. Como hemos mencionado. En estos test se prueba nuestro sistema de punta a punta, debido a esto entran en juego todos los elementos del sistema implicados en una acción concreta, con lo cual estos test se antojan lentos a la hora de ejecutar y complicados de crear y mantener. Generalmente buscamos tener pocos de estos test debido a su fragilidad y alto costo de mantenimiento.

La parte media de la pirámide está constituida por los test de integración, el obje-

2https://en.wikipedia.org/wiki/Mike_Cohn

126

tivo de este tipo de pruebas es comprobar si las diferentes unidades de software interactúan con ciertos elementos de infraestructura como APIs externas o base de datos de la forma prevista. Este tipo de test son más lentos de ejecutar y complejos de escribir y mantener que los test unitarios, aunque en muchos contextos también aportan mayor seguridad. Por otro lado, este tipo de test son bastante más baratos y rápidos que los de sistemas, por esta razón lo ideal es que tengamos una cantidad intermedia de estos.

Antipatrón del cono de helado

La Pirámide del Testing hay que entenderla como una recomendación y no tiene por qué encajar siempre con nuestro contexto, sobre todo en lo referente a la cantidad de test unitarios y de integración. Por ejemplo, podría darse el caso que el sistema software que estamos diseñando tenga pocas reglas de negocio, las cuales pueden ser cubiertas por unos cuantos test unitarios. En cambio, dicho sistema podría ser muy demandante a nivel de elementos externos, en ese caso es probable que nos interese tener más test de integración que unitarios.

Normalmente, contextos como el anterior suelen ser la excepción y, aun hoy en día, en muchos proyectos nos encontramos con el temido "antipatrón del cono de helado":

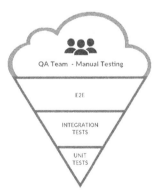

Como puedes observar, es la pirámide de *testing* invertida. En este contexto se centra el foco en muchas pruebas manuales y *end-to-end*. Esto acarrea múltiples problemas, el principal es que el coste de probar el sistema se dispara, ya que con pocos test de integración y unitarios (y muchas veces ninguno) se vuelve tremendamente complejo determinar dónde están los problemas cuando los test de nivel superior fallan.

Tests unitarios

"Nos pagan por hacer software que funcione, no por hacer tests". – Kent Beck.

El *unit testing*, o test unitarios en castellano, no es un concepto nuevo en el mundo del desarrollo de software. Ya en la década de los años 70, cuando surgió el lenguaje Smalltack[1], se hablaba de ello, aunque con diferencias a como lo conocemos hoy en día.

La popularidad del *unit testing* actual se la debemos a Kent Beck. Primero lo introdujo en el lenguaje *Smalltalk* y luego consiguió que se volviera mainstream en otros muchos lenguajes de programación. Gracias a él, las pruebas unitarias se han convertido en una práctica extremadamente útil e indispensable en el desarrollo de *software*. Pero, ¿qué es exactamente una prueba o test unitario?

Según Wikipedia: "Una prueba unitaria es una forma de comprobar el correcto funcionamiento de una unidad de código". Entendiendo por unidad de código una función o una clase.

Desde mi punto de vista, esa definición está incompleta. Lo primero que me chirría es que no aparece la palabra "automatizado" en la definición. Por otro lado, una clase es una estructura organizativa que suele incluir varias unidades de código. Normalmente, para probar una clase vamos a necesitar varios test unitarios, a no ser que tengamos clases con un solo método, lo cual, como ya comentamos en el capítulo de responsabilidad única, no suele ser buena idea. Quizás una definición más completa sería:

Un test unitario es un pequeño programa que comprueba que una unidad de *software* tiene el comportamiento esperado. Para ello prepara el contexto, ejecuta dicha unidad y, a continuación, verifica el resultado obtenido a través de una o

---

[1]https://es.wikipedia.org/wiki/Smalltalk

varias aserciones que comparan el resultado obtenido con el esperado.

Características de los tests unitarios

Hace unos años, la mayoría de los desarrolladores no hacían *unit testing*, algo que sigue ocurriendo hoy en día, aunque en menor medida. Si es tu caso, no te preocupes, ya que en esta sección te pondrás al día. En el otro extremo tenemos a los dogmáticos del *unit testing*, los cuales tienen como objetivo el 100 % de *code coverage*. Esto es un error, ya que la métrica de la cobertura de pruebas solo indica qué líneas de código (y cuáles no) se han ejecutado al menos una vez al pasar las pruebas unitarias. Esto suele derivar en test de poca calidad que no aportan demasiada seguridad, en este contexto suele primar la cantidad sobre la calidad. Por esta razón, el *code coverage* nunca debe de ser un objetivo en sí mismo.

Como casi siempre, en el equilibrio está la virtud. Por ello, es fundamental tener en cuenta la frase de Kent Beck con la que abrimos el capítulo: "Nos pagan por escribir código que funciona, no por hacer test". Por esta razón debemos centrarnos en escribir test de calidad, que además de validar elementos útiles, sean:

- **Rápidos**: Los test tienen que ejecutarse lo más rápidamente posible, para no perder tiempo y poder ejecutarlos con la frecuencia adecuada.
- **Aislados**: Es muy importante que el estado de cada test sea totalmente independiente y no afecte a los demás.
- **Atómicos**: cada test debe probar una cosa y ser lo suficientemente pequeño.
- **Fáciles de mantener y extender**: Como dice Edsger Dijstra, la simplicidad es un prerrequisito de la fiabilidad. Mantener simples los test es fundamental para mantenerlos y extenderlos.
- **Deterministas**: Los resultados deben ser consistentes, es decir, deben producir siempre la misma salida a partir de las mismas condiciones de partida.
- **Legibles**: Una prueba legible es aquella que revela su propósito o intención de forma clara. Para ello la elección de un nombre autoexplicativo es fundamental.

Anatomía de un test unitario

Como norma general, los test deben tener una estructura muy simple basada en las siguientes tres partes:

- **Preparación (Arrange):** en esta parte del test preparamos el contexto para poder realizar la prueba. Por ejemplo, si probamos un método de una clase, primero tendremos que instanciar dicha clase para probarlo. Además, una parte la preparación puede estar contenida en el método *SetUp* (*Before* en el caso de Jest), si es común a todos los test de la clase.

- **Actuación (Act):** ejecutamos la acción que queremos probar. Por ejemplo, invocar un método con unos parámetros.

- **Aserción (Assert):** verificamos si el resultado de la acción es el esperado. Por ejemplo, el resultado de la invocación del método anterior tiene que devolver un valor determinado.

En inglés estas tres partes se identifican con las siglas AAA lo que ayuda a recordarlas, **A**rrange, **A**ct, **A**ssert.

Veamos un ejemplo:

Javascript

```javascript
test('return zero if receive one', () => {
  //Arrange
  const n = 1;

  //Act
  const result = fibonacci(n);

  //Assert
  expect(result).toBe(0);
});
```

En el ejemplo hemos definido un test tal y como lo haríamos con el *framework* Jest (lo veremos en el siguiente capítulo). Para ello hemos usado la función test, la cual recibe dos parámetros. El primero es un *string* con la descripción del test y el segundo un *callback*.

El *callback* contiene la lógica del propio test en sí. En la primera parte del *callback* tenemos el *arrange* o preparación. En este caso, inicializamos una constante con el parámetro que le vamos a pasar a la función que queremos probar.

A continuación, tenemos la actuación donde ejecutamos la función *fibonacci* para el valor de n, y lo almacenamos en la variable *result*.

Por último, tenemos la parte de la aserción donde verificamos, a través del método *expect* de Jest y el *matcher* toBe, si el valor del resultado es el que esperamos, en este caso cero.

Profundizaremos en las diferentes aserciones que nos provee Jest en el siguiente capítulo.

No siempre vamos a tener las tres partes del test claramente diferenciadas, muchas veces, en tests tan sencillos como este nos lo podemos encontrar todo en una sola linea:

Javascript

```javascript
test('return zero if receive one', () => {
  expect(fibonacci(1)).toBe(0);
});
```

Personalmente, aunque sean test simples, te recomiendo que trates de respetar la estructura de la triple A, ya que te ayudará a mantener una buena legibilidad de tus test.

Jest, el framework definitivo

Un *framework* de *testing* es una herramienta que nos permite escribir test de una manera sencilla, además nos provee de un entorno de ejecución que nos permite extraer información de los mismos de manera sencilla.

Históricamente JavaScript ha sido uno de los lenguajes con más *frameworks* y librerías de test, pero a la vez es uno de los lenguajes con menos cultura de *testing* entre los miembros de su comunidad. Entre dichos *frameworks* y librerías de *testing* automatizado destacan Mocha, Jasmine y Jest[1], entre otras. Nosotros nos vamos a centrar en Jest, ya que simplifica el proceso gracias a que integra todos los elementos que necesitamos para poder realizar nuestros test automatizados.

Jest es un *framework* de *testing* desarrollado por el equipo de Facebook basado en RSpec. Aunque nace en el contexto de React[2], es un framework de testing generalista que podemos utilizar en cualquier situación. Se trata de un framework flexible, rápido y con un output sencillo y comprensible, que nos permite completar un ciclo de feedback rápido y con la máxima información en cada momento.

Características

Entre sus principales características destacan:

- Fácil instalación
- Retroalimentación inmediata con modo '*watch*'

---

[1]https://facebook.github.io/jest/
[2]https://softwarecrafters.io/react/tutorial-react-js-introduccion

- Plataforma de *testing* de configuración simple.
- Ejecución rápida y con entorno aislado.
- Herramienta de *code coverage* integrada.
- Introduce el concepto de *Snapshot testing*.
- Potente librería de *mocking*.
- Funciona con TypeScript además de ES6

Instalación y configuración

Como en los demás ejemplos del libro, vamos a seguir usando Repl.it[3] para mostrar los ejemplos interactivos. No obstante, creo que es importante que tengamos claro cómo instalar y configurar Jest, por si queremos poner en marcha los ejemplos en nuestro entorno local.

Al igual que sucede con cualquier otro proyecto JavaScript, podemos instalar Jest mediante Yarn](https://yarnpkg.com/lang/en/) o [NPM[4]. Para nuestros ejemplos usaremos NPM. Lo primero que debemos hacer es crear un directorio para el proyecto y, a continuación, ejecutar *npm init* para inicializar el proyecto:

Bash

```
mkdir testing_1
npm init
```

Una vez inicializado el proyecto, instalamos las dependencias. En este caso, además de las dependencias de Jest, vamos a instalar ts-jest y TypeScript, ya que simplifica el uso de Jest con ES6 y superior. De esta manera, el proyecto queda funcionando también para los que prefieran TypeScript.

Bash

```
npm install --save-dev jest typescript ts-jest @types/jest
```

Tras instalar las dependencias debemos ejecutar el comando de configuración de *ts-jest*:

Bash

```
npx ts-jest config:init
```

[3]http://repl.it/
[4]https://www.npmjs.com/

Con todo el *tooling* preparado, si queremos ejecutar los test desde npm, tan solo debemos añadir a la sección de *scripts* del fichero *package.json* lo siguiente:

```json
{
  "scripts": {
    "test": "jest",
    "test:watch": "jest --watchAll"
  }
}
```

El primer script (npm test) ejecutará la suite de test de forma normal, es decir, ejecutará los test y Jest se cerrará. El segundo, npm run test:watch, ejecutará los test pero se mantendrá en modo "watcher" y cada vez que hagamos un cambio en el código Jest volverá a ejecutar los test de forma automática.

Por supuesto, si tratamos de ejecutar algunos de estos *scripts*, la ejecución fallará, ya que aún no hemos creado ningún test en el proyecto.

```
PROBLEMS    TERMINAL    ...              2: node        ：  ✚  ⬚  🗑  ∧  ✕
No tests found, exiting with code 1
Run with `--passWithNoTests` to exit with code 0
In /Users/miguelghz/Dropbox/Blog/LeanPub/cleancodejavascript/examples/testing/testing_1
  5 files checked.
    testMatch: **/__tests__/**/*.[jt]s?(x), **/?(*.)+(spec|test).[tj]s?(x) - 0 matches
    testPathIgnorePatterns: /node_modules/ - 5 matches
    testRegex:  - 0 matches
Pattern:  - 0 matches

Watch Usage: Press w to show more.█
```

Puedes descargar la configuración lista para ser usada desde nuestro repositorio[5] de GitHub.

Nuestro primer test

Antes de crear nuestro primer tests, vamos a crear la siguiente estructura de carpetas:

---

[5]https://github.com/softwarecrafters-io/typescript-jest-minimal

```
src
|--core
|--tests
```

Dentro de *core*, crearemos el código con nuestras "reglas de negocio" y, en el directorio *tests*, los test asociados.

A continuación, vamos a crear un ejemplo sencillo que nos permita comprobar que hemos realizado correctamente la configuración. Para ello, creamos el fichero *sum.ts* dentro del directorio *core* con el siguiente código:

Javascript

```
export const sum = (a, b) =>
  a + b;
```

Una vez creado el código a probar, vamos a crear el test asociado. Para ello añadimos el fichero *sum.test.ts* dentro del directorio de test con lo siguiente:

Javascript

```
import {sum} from '../core/sum'

test('should sum two numbers', () => {
  //Arrange
  const a = 1;
  const b = 2;
  const expected = 3;

  //Act
  const result = sum(a,b)

  //Assert
  expect(result).toBe(expected);
});
```

En el test, simplemente ejecutamos nuestra función *sum* con unos valores de entrada y esperamos que nos devuelva un resultado de salida. Sencillo, ¿verdad?

Vamos a ejecutar los test de nuevo para ir familiarizándonos con la salida:

sum.test.ts

```
Test Suites: 1 passed, 1 total
Tests:       1 passed, 1 total
Snapshots:   0 total
Time:        0.472s, estimated 1s


Watch Usage:      w
```

¡Genial! ¡Ya tenemos nuestro primer test pasando!

Aserciones

Las aserciones, *asserts* o *matchers* en inglés, son funciones que nos proveen los *frameworks* de *testing*, Jest en nuestro caso, para verificar si el valor esperado por la prueba automática coincide realmente con el obtenido. Evidentemente, en el caso de que el valor coincida, el test pasará, en caso contrario fallará.

En el test que vimos en el ejemplo utilizamos la aserción *toBe* la cual verifica que dos valores sean iguales, para ello se basa en Object.is()[6]. Es importante que tengas esto en cuenta porque, en el caso de comparar objetos o colecciones, obtendrás resultados inesperados.

Javascript

```javascript
expect(1 + 2).toBe(3)
```

En el caso de querer comprobar que son distintos, podemos utilizar el *matcher* *toBe* precedido de *not*. Esta aproximación es interesante ya que añade semántica a nuestros test.

Javascript

```javascript
expect(1 + 2).not.toBe(4)
```

Para verificar objetos, debes utilizar la aserción *toEqual*, ya que realiza una comparación profunda que verifica correctamente cada campo de la estructura.

---

[6]https://developer.mozilla.org/en-US/docs/Web/JavaScript/Reference/Global_Objects/Object/is

```
test('equality of objects', () => {
  const data = { one: 1 };
  data['two'] = 2;
  const expected = { one: 1, two: 2 }

  expect(data).toEqual(expected);
});
```

Además de los *asserts* de igualdad que hemos visto, Jest nos ofrece otros interesantes como:

- **toBeNull**: valida que el valor sea *null*.
- **toBeGreaterThan**: valida que un valor numérico sea mayor a un número especificado. Además de este tenemos otros muchos comparadores para valores numéricos que pueden aportar semántica a nuestros test.
- **toMatch**: valida un *string* a través de una expresión regular.
- **toContain**: verifica que un *array* contenga un valor específico.
- **toThrow**: verifica que se haya lanzado una excepción.

La referencia a la lista completa de las aserciones la puedes encontrar en este enlace[7].

Organización y estructura

Estructurar bien nuestros test es un aspecto básico que condiciona su legibilidad y mantenibilidad. Como norma general, los test se suelen agrupar en base a un contexto común, como podría ser, por ejemplo, un determinado caso de uso. A dichas agrupaciones se las conoce con el nombre de *suites*.

Jest nos permite definir estas suites tanto a nivel de fichero como a nivel de contexto. A nivel de fichero debemos tener en cuenta que el nombre ha de respetar uno de estos dos formatos: *.spec.* o *.test.*. Esto es necesario para que Jest los detecte sin tener que modificar la configuración. Además, para mantener una buena legibilidad, lo ideal sería que el sufijo que lo precede sea el nombre del fichero que contiene el código que estamos probando.

Por otro lado, dentro de los propios ficheros podemos agrupar los test en contextos o *describes*. Además de permitirnos tener varios contextos, Jest nos permite

---

[7]https://jestjs.io/docs/en/expect

anidarlos. Aunque como norma general, deberíamos evitar la anidación en más de dos niveles, ya que dificulta la legibilidad de los test.

Javascript

```javascript
describe('Use Case', () => {
  test('Should able to do something...', () => {});
});
```

Gestión del estado: before y after

En muchas ocasiones, cuando tenemos varios test para un mismo componente, nos encontramos en un contexto en el que debemos de inicializar y/o finalizar el estado dicho componente. Para ello, los frameworks basados en RSpec[8] nos proveen de métodos de *setup* y *tearDown*, los cuales se ejecutan antes y después, respectivamente. A su vez, pueden ser ejecutados antes o después de cada uno de los test, o al principio y al final de la suite entera. En el caso de Jest estos métodos son:

Javascript

```javascript
describe('Use Case', () => {
  beforeEach(() => {
    //se ejecuta antes de cada test
  });
  afterEach(() => {
    //se ejecuta después de cada test
  });
  beforeAll(() => {
    //se ejecuta antes de todos los tests
  });
  afterAll(() => {
    //se ejecuta después de todos los tests
  });
  test('Should able to do something...', () => {
    //...
  });
});
```

---

[8]https://en.wikipedia.org/wiki/RSpec

Code coverage

Como mencionamos en el capítulo anterior, el *code coverage*, o cobertura de test en castellano, no es más que una métrica que indica cuál es el porcentaje de nuestro código que ha sido ejecutado por los test unitarios. A pesar de que puede ser una métrica peligrosa, sobre todo si es usada como indicador de calidad (ya que podría derivar en lo contrario), puede ser interesante a nivel orientativo.

Obtener esta información con Jest es muy sencillo, ya que tan solo debemos añadir el *flag –coverage*. Si actualizamos la sección de *scripts* de nuestro *package.json* quedaría tal que así:

Json

```json
"scripts": {
    "test": "jest",
    "test:watch": "jest --watchAll",
    "test:coverage": "jest --coverage"
}
```

Si lo ejecutamos a través del comando *npm run test:coverage*, Jest nos mostrará una tabla a modo de resumen con un aspecto similar al siguiente:

PASS   **sum.test.ts**

File	% Stmts	% Branch	% Funcs	% Lines	Uncovered Line #s
All files	100	100	100	100	
sum.ts	100	100	100	100	

Test Suites: 1 passed, 1 total
Tests: 1 passed, 1 total
Snapshots: 0 total
Time: 1.297s

TDD - Test Driven Development

Test Driven Development (TDD), o desarrollo dirigido por test en castellano, es una técnica de ingeniería de *software* para, valga la redundancia, diseñar *software*. Como su propio nombre indica, esta técnica dirige el desarrollo de un producto a través de ir escribiendo pruebas, generalmente unitarias.

El TDD fue desarrollada por Kent Beck a finales de la década de los 90 y forma parte de la metodología *extreme programming*[1]. Su autor y los seguidores del TDD aseguran que con esta técnica se consigue un código más tolerante al cambio, robusto, seguro, más barato de mantener e, incluso, una vez que te acostumbras a aplicarlo, promete una mayor velocidad a la hora de desarrollar.

Las tres leyes del TDD

Robert C. Martin describe la esencia del TDD como un proceso que atiende a las siguientes tres reglas:

- No escribirás código de producción sin antes escribir un test que falle.
- No escribirás más de un test unitario suficiente para fallar (y no compilar es fallar).
- No escribirás más código del necesario para hacer pasar el test.

Estas tres leyes derivan en la repetición de lo que se conoce como el ciclo *Red-Green-Refactor*. Veamos en qué consiste:

---

[1]https://en.wikipedia.org/wiki/Extreme_programming

El ciclo Red-Green-Refactor

El ciclo *Red-Green-Refactor*, también conocido como algoritmo del TDD, se basa en:

- **Red**: Escribir un test que falle, es decir, tenemos que realizar el test antes de escribir la implementación. Normalmente se suelen utilizar test unitarios, aunque en algunos contextos puede tener sentido hacer TDD con test de integración.

- **Green**: Una vez creado el test que falla, implementaremos el mínimo código necesario para que el test pase.

- **Refactor**: Por último, tras conseguir que nuestro código pase el test, debemos examinarlo para ver si hay alguna mejora que podamos realizar.

- Una vez que hemos cerrado el ciclo, empezamos de nuevo con el siguiente requisito.

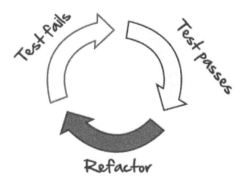

Esta forma de programar ofrece dos beneficios principales. El primero y más obvio es que obtenemos un código con una buena cobertura de test, lo que es positivo hasta cierto punto. Recuerda, nos pagan por escribir código que funciona, no por hacer test.

El segundo beneficio es que escribir primero las pruebas nos ayuda a diseñar la API que va a tener nuestro componente, ya que nos obliga a pensar en cómo queremos utilizarlo. Esto suele acabar derivando en componentes con responsabilidades bien definidas y bajo acoplamiento.

TDD como herramienta de diseño

Cuando Kent Beck desarrolló esta metodología lo hizo centrándose en el segundo de los beneficios que describimos en el apartado anterior, es decir, en TDD como una herramienta de diseño de software que nos ayuda a obtener mejor código, no a obtener más test. Para ello, una vez que tenemos una lista con los primeros requisitos que debe satisfacer el producto, debemos seguir los siguientes pasos:

1. Escogemos un requisito.
2. Escribimos un test que falla.
3. Creamos la implementación mínima para que el test pase.
4. Ejecutamos todos los tests.
5. Refactorizamos.
6. Actualizamos la lista de requisitos.

En el último paso, cuando actualizamos la lista de requisitos, además de marcar como completado el requisito implementado, debemos añadir los nuevos requisitos que hayan podido aparecer.

Normalmente, cuando desarrollamos un producto *software*, los requisitos no están completamente definidos desde el principio, o estos sufren cambios a corto y medio plazo, bien porque son descartados, modificados o porque surgen otros nuevos. TDD encaja muy bien con este tipo de escenarios ya que, además de ir añadiendo test que evalúan que nuestro diseño cumple con los requisitos especificados, ayuda a descubrir nuevos casos que no se habían detectado previamente. A esto último se le conoce como **diseño emergente**.

Esta es la razón por la que para muchos de sus seguidores la última "D" de TDD debería significar *design* en vez de *development*.

Estrategias de implementación, de rojo a verde.

Quizás uno de los puntos más delicados a la hora de aplicar TDD como herramienta de diseño es en el paso en el que ya tenemos un test que falla y debemos crear la implementación mínima para que el test pase. Para ello Kent Beck, en su libro *Test Driven Development by Example*[2], expone un conjunto de estrate-

[2]https://amzn.to/2mkC2Vt

gias, también conocidas como patrones de barra verde, que nos van a permitir avanzar en pasos pequeños hacia la solución del problema.

Implementación falsa

Una vez que tenemos el test fallando, la forma más rápida de obtener la primera implementación es creando un fake que devuelva una constante. Esto nos ayudará a ir progresando poco a poco en la resolución del problema, ya que al tener la prueba pasando estamos listos para afrontar el siguiente caso.

La mejor forma de entender el concepto es con un ejercicio práctico. El ejercicio es simple, vamos a construir una función que reciba como parámetro un número entero n y devuelva el n-ésimo número de Fibonacci. Recuerda la sucesión de Fibonacci comienza con 0 y 1, los siguientes términos siempre son la suma de los dos anteriores:

n	0	1	2	3	4	5	6	7	8	9	10	11	12
F_n	0	1	1	2	3	5	8	13	21	34	55	89	144

Observando la tabla anterior, podemos darnos cuenta de que los casos *edge* son 0 y 1, además de los más sencillos de implementar. Vamos a empezar por crear el test para n = 0:

Javascript

```javascript
describe('Fibonacci should', () => {
  it('return zero if receive zero', () => {
    expect(fibonacci(0)).toBe(0);
  });
});
```

La implementación *fake* más obvia que permite que el test pase es hacer que la función fibonacci devuelva 0 como una constante:

Javascript

```javascript
function fibonacci(n) {
  return  0;
}
```

Puedes acceder al ejemplo interactivo desde aquí.[3]

---

[3]https://repl.it/@SoftwareCrafter/TDD-Fibonnacci

144

Una vez que tenemos el primer test pasando, la idea es transformar gradualmente la constante en una expresión. Veámoslo en el ejemplo, para ello primero debemos crear un test para el siguiente caso obvio, n = 1;

Javascript

```javascript
it('return one if receive one', () => {
  expect(fibonacci(1)).toBe(1);
});
```

Ya tenemos el siguiente test fallando. El siguiente paso obvio es escribir una pequeña expresión con un condicional para una entrada con n = 0 devuelva 0 y para n = 1 devuelva 1:

Javascript

```javascript
function fibonacci(n) {
  if(n ==0)
    return  0;
  else
    return  1;
}
```

Puedes acceder al ejemplo interactivo desde aquí.[4]

Como puedes observar, la técnica de la implementación falsa nos ayuda a progresar poco a poco. Principalmente tienes dos ventajas inherentes, la primera es a nivel psicológico, ya que se hace más llevadero tener algunos test en verde, en vez de en rojo, que nos permitan ir dando pasos pequeños hacia la solución. La segunda tiene que ver con el control del alcance, ya que esta práctica nos permite mantener el foco en el problema real, evitando caer en optimizaciones prematuras.

Triangular

Triangular, o la técnica de la triangulación, es el paso natural que sigue a la técnica de la implementación falsa. Es más, en la mayoría de los contextos, forma parte de la triangulación, basándose en lo siguiente:

1. Escoger el caso más simple que debe resolver el algoritmo.
2. Aplicar *Red-Green-Refactor*.

---

[4]https://repl.it/@SoftwareCrafter/TDD-Fibonnacci-1

3. Repetir los pasos anteriores cubriendo las diferentes casuísticas.

Para comprender cómo funciona la triangulación, vamos a continuar desarrollando el ejemplo de Fibonacci, el cual, en parte, ya hemos empezado a triangular. El siguiente caso que podríamos cubrir es para n = 2.

Javascript

```javascript
it('return one if receive two', () => {
  expect(fibonacci(2)).toBe(1);
});
```

Puedes acceder al ejemplo interactivo desde aqui.[5]

En esta ocasión el test pasa, por lo tanto, nuestro algoritmo también funciona para n = 2. El siguiente paso sería comprobar qué ocurre para n = 3.

Javascript

```javascript
it('returns two if receive three', () => {
  expect(fibonacci(3)).toBe(2);
});
```

Como suponíamos, el test falla. Este paso nos ayudará a aproximarnos a la implementación de una solución más genérica. Ya que podríamos crear una implementación falsa para n = 3 y añadir otro condicional que devuelva 1 para n = 1 y n = 2.

Javascript

```javascript
function fibonacci(n) {
  if(n == 0)
    return  0;
  if(n == 1 || n == 2)
    return  1;
  else
    return  2;
}
```

Puedes ver el ejemplo interactivo desde aquí[6].

Ahora que tenemos los test pasando, vamos a comprobar qué sucede para n = 4:

---

[5]https://repl.it/@SoftwareCrafter/TDD-Fibonnacci-2
[6]https://repl.it/@SoftwareCrafter/TDD-Fibonnacci-3

Javascript

```javascript
it('returns three if receive four', () => {
  expect(fibonacci(4)).toBe(3);
});
```

Al llegar a este punto, ya te habrás dado cuenta de que sería más fácil escribir la implementación obvia que seguir haciendo ramas de decisión:

Javascript

```javascript
function fibonacci(n) {
  if(n == 0)
    return 0;

  if(n == 1 || n == 2)
    return 1;

  else
    return fibonacci(n - 1) + fibonacci(n - 2);
}
```

En este paso, nuestro algoritmo funciona para cualquier valor de n, aunque aún podemos refactorizarlo para eliminar duplicidades y darle un aspecto más funcional:

Javascript

```javascript
function fibonacci(n) {
  const partialFibonacci = (n) =>
    n == 1
      ? 1
      : fibonacci(n - 1) + fibonacci(n - 2)

  return n == 0
    ? 0
    : partialFibonacci(n)
}
```

Puedes acceder al ejemplo interactivo desde aquí[7].

Con este último paso hemos resuelto el algoritmo de Fibonacci aplicando un enfoque funcional y utilizando la triangulación. Quizás en un hipotético siguiente paso deberíamos eliminar los test para n=3, n=4 y n=5, ya que en este punto no aportan demasiado valor, y crear un test que compruebe el algoritmo generando un número aleatorio mayor que 2 cada vez que se ejecuta.

---

[7]https://repl.it/@SoftwareCrafter/TDD-Fibonnacci-4

Como puedes observar, la triangulación es una técnica muy conservadora para aplicar TDD, su uso tiene sentido cuando no tenemos clara la implementación obvia de la solución.

Implementación obvia

Cuando la solución parece muy sencilla, lo ideal es escribir la implementación obvia en las primeras iteraciones del ciclo *Red-Green-Refactor*.

La problemática con esto surge cuando nos precipitamos, creyendo que se trata de un problema sencillo, cuando en realidad no lo es, porque tiene, por poner un ejemplo, algún caso *edge* sobre el que no habíamos reflexionado.

Limitaciones del TDD

Por muchos beneficios inherentes que tenga (o que nos prometan), la técnica del TDD no debe entenderse como una religión ni como una fórmula mágica que vale para todo. Seguir TDD a rajatabla y en todos los contextos no garantiza que tu código vaya a ser más tolerante al cambio, robusto o seguro, ni siquiera te asegura que vayas a ser más productivo a la hora de diseñar *software*.

Desde mi punto de vista, aplicar TDD no encaja bien en todos los contextos. Por ejemplo, si existe una implementación obvia para un caso de uso, directamente la escribo y luego hago las pruebas. En el caso de estar trabajando en el *frontend* tampoco me planteo hacer TDD para diseñar componentes de la *UI*. Incluso es discutible si se deberían hacer test unitarios para probar elementos de la *UI*, desarrolladores de la talla de Ward Cunningham han comentado repetidas veces que no conviene hacer test automatizados sobre esta, ya que es muy cambiante y los test quedan desactualizados con demasiada frecuencia.

Mi consejo es que pruebes, trates de aplicarlo en tu día a día durante una temporada y luego decidas por ti mismo. En los siguientes capítulos vamos a ver algunas *katas* para que puedas seguir practicando.

TDD Práctico: La kata FizzBuzz

"Muchos son competentes en las aulas, pero llévalos a la práctica y fracasan estrepitosamente". – Epicteto

Pasar de la teoría a la práctica es fundamental. En el mundo del desarrollo si estudias un concepto y no lo pones en práctica durante unos días con la suficiente repetición espaciada[1] es probable que nunca lo llegues a interiorizar. Por esta razón, es muy recomendable que trates de practicar todo lo que puedas, realizar *katas* de código te ayudará con este objetivo.

Las katas de código

En artes marciales, una *kata* es un conjunto de movimientos establecidos. Normalmente se realizan en solitario, con el fin de perfeccionar las bases del conocimiento de un arte marcial en concreto. Aunque estas tengan un componente estético, su propósito no es el de representarlas en un escenario, sino el de entrenar la mente y el cuerpo para saber cómo reaccionar en una situación de combate determinada.

El concepto de *kata* de código no es más que un ejercicio de programación en el que se plantea un problema (con o sin restricciones), que el desarrollador debe tratar de resolver, idealmente, utilizando diferentes técnicas. El término fue acuñado por primera vez por Dave Thomas, coautor del mítico libro The Pragmatic Programmer, del cual, por cierto, van a sacar una versión[2] para conmemorar su vigésimo aniversario.

---

[1]https://es.wikipedia.org/wiki/Repaso_espaciado
[2]https://pragprog.com/book/tpp20/the-pragmatic-programmer-20th-anniversary-edition

Dave Thomas decía que los músicos, cuando tratan de mejorar, no están siempre tocando con la banda, sino que suelen realizar ejercicios en solitario que les permiten refinar su técnica. Los desarrolladores, en el trabajo, estamos todo el día programando en proyectos reales, en los cuales, normalmente, solemos resolver el mismo tipo de problemas. Usando el símil con los músicos, podríamos decir que estamos todo el día tocando con la banda. Después de cierto tiempo, esto limita nuestra capacidad de aprendizaje, por lo que realizar *katas* en solitario o acudir a *coding dojos*, nos ayudará a adquirir nuevas habilidades.

La kata FizzBuzz

La *kata* FizzBuzz, además de ser un gran ejercicio para practicar TDD, es una de la pruebas más típicas a las que te vas a enfrentar en una entrevista de trabajo para un puesto de desarrollador. Este ejercicio tiene su origen en un juego infantil cuyo objetivo era que los niños practicasen la división. Esta *kata* empezó a volverse popular entre los desarrolladores después de que Emily Bache y Michael Feathers[3] la presentaran en la competición *Programming with the stars* en la *"Agile Conference"* de 2008.

Descripción del problema

El enunciado de la *kata* es el siguiente: Escribe un programa que muestre en pantalla los números del 1 al 100, sustituyendo los múltiplos de 3 por la palabra Fizz y, a su vez, los múltiplos de 5 por Buzz. Para los números que a su vez son múltiplos de 3 y 5, utiliza el combinado FizzBuzz.

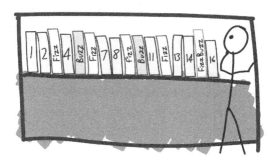

---

[3]https://emilybache.blogspot.com/2008/08/onwards-with-stars.html?m=0

Salida de ejemplo: 1, 2, Fizz, 4, Buzz, Fizz, 7, 8, Fizz, Buzz, 11, Fizz, 13, 14, FizzBuzz, 16, 17, Fizz, 19, Buzz...

Diseño de la primera prueba

Antes de escribir el primer test, me gusta comprobar que todas las piezas están correctamente configuradas. Para ello escribo un test sencillo con el cual simplemente compruebo que el framework de *testing* funciona correctamente.

Javascript

```javascript
describe('FizzBuzz', () => {
  it('', () => {
    expect(true).toBe(true);
  });
});
```

Puedes acceder al ejemplo desde aquí[4].

Una vez que estamos seguros de que nuestra *suite* funciona como esperamos, podemos tratar de escoger el primer test. En TDD esto a veces presenta cierta dificultad, por ello es interesante hacer una pequeña lista, como si de una caja negra se tratase, con los diferentes casos que deberían ir cubriendo nuestros test:

- Para el número uno el resultado debe ser uno
- Para el número tres el resultado debe ser "fizz"
- Para el número cinco el resultado debe ser "buzz"
- Para el número quince el resultado debe ser "fizzbuzz"
- Para cualquier número divisible entre tres el resultado debe ser "fizz"
- Para cualquier número divisible entre cinco el resultado debe ser "buzz"
- Para cualquier número divisible entre quince el resultado debe de ser "fizzbuzz"
- Para el resto de números el resultado debería ser el propio número recibido.

En el caso de que emerjan requisitos durante el proceso de TDD, es importante que vayamos actualizando nuestra lista.

---

[4]https://repl.it/@SoftwareCrafter/TDD-Fizzbuzz-Green

Una vez que tengamos la lista con los diferentes casos a cubrir, estaremos en disposición de abordar el problema.

Para ello comenzaremos con un diseño inicial muy simple, en el que tendremos una función que recibe un número entero y devuelve un cero.

El fichero *fizzBuzz.js* contendrá dicha función, quedando de esta manera:

Javascript

```javascript
function fizzBuzz(n) {
  return 0;
}

module.exports = fizzBuzz;
```

A continuación estaremos en disposición de poder escribir el primer test. Para ello vamos a comenzar por el primer caso de nuestra lista, en el que para el número uno el resultado debería ser uno:

Javascript

```javascript
describe('FizzBuzz', () => {
  it('should return one if receive one', () => {
    const expected = 1;
    const result = fizzBuzz(1)

    expect(result).toBe(expected);
  });
});
```

Ejecutamos y... ¡rojo!

Ejecutamos la suite de pruebas y el test falla como esperábamos. Este primer test en rojo es importante, ya que nos puede ayudar a detectar posibles errores en la construcción del test. Suele ser bastante común que el test falle, no porque el código de la implementación sea incorrecto, sino porque nos hemos equivocado a la hora de implementarlo.

Puedes acceder al ejemplo interactivo desde aquí[5].

---

[5]https://repl.it/@SoftwareCrafter/TDD-Fizzbuzz-0-RED

```
● FizzBuzz > should return one if receive one

  expect(received).toBe(expected) // Object.is equality

  Expected: 1
  Received: 0

          const result = fizzBuzz( )

          expect(result).toBe(expected);
                                ^
      });
    });

    at Object.toBe (fizzBuzz-test.js:8:20)

Test Suites: 1 failed, 1 total
Tests:       1 failed, 1 total
```

Pasamos a verde

A continuación, vamos a aplicar el concepto de implementación falsa que vimos en el capítulo anterior para conseguir que el test pase lo antes posible:

Javascript

```javascript
function fizzBuzz(n) {
  return 1;
}

module.exports = fizzBuzz;
```

Puedes acceder al ejemplo interactivo desde aquí[6].

Ejecutamos el test y pasa correctamente. En estos primeros test tendremos implementaciones muy concretas. A medida que vayamos avanzando en la solución iremos generalizando la solución.

Añadiendo nuevas pruebas

Si revisamos nuestra lista, el siguiente caso a comprobar es: "Para el número tres el resultado debe ser fizz". Vamos a ello:

---

[6]https://repl.it/@SoftwareCrafter/TDD-Fizzbuzz-1-Green

Javascript

```javascript
describe('FizzBuzz', () => {
  it('should return one if receive one', () => {
    const expected = 1;
    const result = fizzBuzz(1);

    expect(result).toBe(expected);
  });

  it('should return fizz if receive three', () => {
    const expected = "fizz";
    const result = fizzBuzz(3)

    expect(result).toBe(expected);
  });
});
```

Puedes acceder al ejemplo desde aquí[7].

Ejecutamos la *suite* de test y el nuevo test falla. Es importante ejecutar todos los test para ir verificando la integridad de la implementación que vamos realizando.

```
FizzBuzz
  ✓ should return one if receive one (5ms)
  ✗ should return fizz if receive three (5ms)

  ● FizzBuzz > should return fizz if receive three

    expect(received).toBe(expected) // Object.is equality

    Expected: "fizz"
    Received: 1
```

A continuación escribimos la implementación mínima necesaria para que el nuevo test pase sin romper el anterior. Para ello podemos hacer uso de un condicional que devuelva el valor fizz en caso de que n sea igual a tres:

Javascript

```javascript
function fizzBuzz(n) {
  if(n==3)
    return "fizz";

  return 1;
}
```

Una vez que tengamos el segundo test en verde, vamos abordar el tercer caso: "Para el número cinco el resultado debe ser buzz". Escribimos el test:

---

[7]https://repl.it/@SoftwareCrafter/TDD-Fizzbuzz-2-Red

Javascript

```javascript
it('should return buzz if receive five', () => {
  const expected = "buzz";
  const result = fizzBuzz(5)

  expect(result).toBe(expected);
});
```

Rojo. Ahora debemos crear la implementación para este caso, al igual que para el caso anterior, podemos hacer uso de un condicional, en esta ocasión que retorne "fizz" cuando *n* sea igual a 5:

Javascript

```javascript
function fizzBuzz(n) {
  if(n == 3)
    return "fizz";

  if(n == 5)
    return "buzz";

  return 1;
}
```

Puedes acceder a este paso desde aquí.[8]

En este punto, antes de afrontar el siguiente caso y dado que hemos ido madurando nuestro conocimiento sobre el problema, podría ser interesante refactorizar para empezar a generalizar un poco la solución. Para ello, en los condicionales, en lugar de comprobar si se trata de un tres o un cinco, podríamos comprobar si el número es divisible entre tres o cinco y devolver fizz o buzz, respectivamente. Además, en lugar de retornar 1 para cualquier valor de n, podríamos retornar el propio valor de *n*:

Javascript

```javascript
function fizzBuzz(n) {
  if(n % 3 == 0)
    return "fizz";

  if(n % 5 == 0)
    return "buzz";

  return n;
}
```

---

[8] https://repl.it/@SoftwareCrafter/TDD-Fizzbuzz-3-Green

Como puedes observar en el ejemplo interactivo[9] los tests continúan en verde:

```
PASS  ./fizzBuzz-test.js
  FizzBuzz
    ✓ should return one if receive one (50ms)
    ✓ should return fizz if receive three (1ms)
    ✓ should return buzz if receive five (1ms)

Test Suites: 1 passed, 1 total
Tests:       3 passed, 3 total
```

Lo siguiente que debemos verificar es el caso en el que para n igual a quince la función devuelva *fizzbuzz*:

Javascript

```javascript
it('should return fizzbuzz if receive fifteen', () => {
  const expected = "fizzbuzz";
  const result = fizzBuzz(15)

  expect(result).toBe(expected);
});
```

Si ejecutamos el ejemplo interactivo[10] podemos observar que este último test está en rojo mientras que el resto continúa verde. Vamos a corregirlo: para ello, de forma similar a lo que hicimos en el refactor anterior, vamos a comprobar a través de un condicional que evalúe si el número recibido por parámetro es divisible entre quince:

Javascript

```javascript
function fizzBuzz(n) {
  if(n % 15 == 0)
    return "fizzbuzz";

  if(n % 3 == 0)
    return "fizz";

  if(n % 5 == 0)
    return "buzz";

  return n;
}
```

Volvemos a ejecutar la suite de test y los test pasan correctamente[11]. Probablemente ya te habrás dado cuenta de que hemos llegado a una solución válida, que

---

9 https://repl.it/@SoftwareCrafter/TDD-Fizzbuzz-3-Refactor
10 https://repl.it/@SoftwareCrafter/TDD-Fizzbuzz-4-Red
11 https://repl.it/@SoftwareCrafter/TDD-Fizzbuzz-4-Green

resuelve el ejercicio, pero aún no lo hemos verificado. Para comprobarlo vamos a escribir en el mismo paso el resto de test que faltan:

Javascript

```javascript
it('should return fizz if receive any number divisible by three', () =>
    {
  const expected = "fizz";
  const result = fizzBuzz(9)

  expect(result).toBe(expected);
});

it('should return buzz if receive any number divisible by five', () =>
    {
  const expected = "buzz";
  const result = fizzBuzz(25)

  expect(result).toBe(expected);
});

it('should return buzz if receive any number divisible by fifteen', ()
    => {
  const expected = "fizzbuzz";
  const result = fizzBuzz(30)

  expect(result).toBe(expected);
});

it('should return the same number that receives', () => {
  const expected = 4;
  const result = fizzBuzz(4)

  expect(result).toBe(expected);
});
```

Si ejecutamos el resto de casos en la consola interactiva[12] podemos comprobar que efectivamente nuestra implementación cumple para todos los casos que hemos enumerado en nuestra lista:

```
PASS  ./fizzBuzz-test.js
FizzBuzz
  ✓ should return one if receive one (5ms)
  ✓ should return fizz if receive three (2ms)
  ✓ should return buzz if receive five (1ms)
  ✓ should return fizzbuzz if receive fifteen
  ✓ should return fizz if receive any number divisible by three
  ✓ should return buzz if receive any number divisible by five (1ms)
  ✓ should return buzz if receive any number divisible by fifteen
  ✓ should return the same number that receives (1ms)
```

---

[12]https://repl.it/@SoftwareCrafter/TDD-Fizzbuzz-5-Green

Refactorizando la solución, aplicando pattern matching.

Una vez que hemos cubierto todos los posibles escenarios, es el momento ideal de refactorizar para hacer limpieza y añadir legibilidad en el código que hemos obtenido. En este caso, podríamos añadirle algo de semántica, extrayendo una función lambda que compruebe si n es divisible por un número dado:

Javascript

```javascript
function fizzBuzz(n) {
  const divisibleBy = (divider, n) => n % divider == 0;

  if(divisibleBy(15, n))
    return "fizzbuzz";

  if(divisibleBy(3, n))
    return "fizz";

  if(divisibleBy(5, n))
    return "buzz";

  return n;
}

module.exports = fizzBuzz;
```

Puedes acceder al ejemplo desde aquí.[13]

Tal y como comentamos en el capítulo de funciones de la sección de *Clean Code*, me gusta priorizar el estilo declarativo frente al imperativo, ya que nos permite obtener funciones mucho más expresivas. En nuestro problema encaja muy bien aplicar pattern matching[14]. El pattern matching es una estructura típicamente usada por lenguajes de programación funcionales y estáticamente tipados como Haskell, Scala o F#.

Dicha estructura nos permite comprobar un valor contra una serie de casos. Cuando un caso se cumple, se ejecuta la expresión asociada y se termina. Idealmente, los casos permiten especificar no solo valores constantes, si no también tipos, tipos con propiedades concretas o condiciones complejas. Conceptualmente, se parece a un switch mejorado.

A pesar de que JavaScript todavía no soporta pattern matching en su sintaxis

---

[13] https://repl.it/@SoftwareCrafter/TDD-Fizzbuzz-5-Final
[14] https://softwarecrafters.io/typescript/union-types-pattern-matching-typescript

(ya existe una propuesta para ello), podemos recurrir a bibliotecas, libraries en inglés, para suplir su carencia. En nuestro caso vamos a usar el paquete de npm llamado x-match-expression[15].

Javascript

```javascript
import { match } from "x-match-expression";

export function fizzBuzz(n) {
  const divisibleBy = divider => n => n % divider === 0;

  return match(n)
    .case(divisibleBy(15), "fizzbuzz")
    .case(divisibleBy(5), "buzz")
    .case(divisibleBy(3), "fizz")
    .default(n);
}
```

Puedes acceder al ejemplo interactivo completo desde aquí.[16]

Como podemos observar el código ahora se ve más conciso y expresivo. Aunque, si no estás acostumbrado al estilo funcional, puede resultar un poco confuso, así que vamos a explicarlo detalladamente.

En primer lugar, importamos la función *match*, la cual nos va a permitir hacer el pattern matching en sí. A continuación hemos currificado[17] la función *divisibleBy* creada en el paso anterior, para, aplicando composición, pasársela a cada uno de los *case*. Finalmente, se evalúa el valor de n a través de *match*, cada uno de los *cases* se irán ejecutando hasta que alguno cumpla la condición pasada en la expresión. Si no se cumple ninguno de los tres casos devolverá n por defecto.

Si quieres seguir practicando te recomiendo que visites la página kata-log.rocks, donde encontrarás muchos ejercicios con los que seguir practicando. Recuerda: ¡La práctica hace al maestro!

---

[15] https://www.npmjs.com/package/x-match-expression
[16] https://codesandbox.io/s/fizzbuzz-pattern-matching-tdd-p7oby
[17] https://es.wikipedia.org/wiki/Currificaci %C3 %B3n

Siguientes pasos

La mayoría de las **formaciones académicas** para desarrolladores están **creadas por personas que nunca han convivido lo suficiente con su propio código.**

Simplemente no son conscientes de los problemas de mantenimiento que puede acarrear la forma en la que enseñan a programar.

Es más, me atrevo a decir que **en el 90 % de esos cursos no se escribe ni un test.** Debemos entender de una vez por todas que **sin buenos tests no puede haber calidad en el software.**

Por esta razón he estado trabajando durante dos años junto a **Carlos Blé**, director de Lean Mind y autor de los **libros Código Sostenible y Diseño Ágil con TDD**, en la elaboración de un curso online que recopila lo más importante de nuestra experiencia como programadores sobre testing, TDD y diseño de software.

El curso es el siguiente paso natural a este libro, si te interesa escanea el código QR que tienes a continuación para obtener más información.

Testing Sostenible con TypeScript
Un curso de Testing, TDD y Diseño de Software
creado por y para Developers.

Agradecimientos

Este es el típico capítulo que nos saltamos cuando leemos un libro, a pesar de esto me gusta tener presente una frase que dice que **no es la felicidad lo que nos hace agradecidos, es agradecer lo que nos hace felices**. Es por ello que quiero aprovechar este apartado para dar las gracias a todos los que han hecho posible este e-book.

Empecemos con los más importantes: mi familia y en especial a mi hermano, sin lugar a dudas la persona más inteligente que conozco, eres un estímulo constante para mí.

Dicen que somos la media de las personas que nos rodean y yo tengo el privilegio de pertenecer a un círculo de amigos que son unos auténticos cracks, tanto en lo profesional como en lo personal. Gracias especialmente a los Lambda Coders Juan M. Gómez, Carlos Bello, Dani García, Ramón Esteban, Patrick Hertling y, como no, gracias a Carlos Blé[1] y a Joel Aquiles.

También quiero agradecer a Christina por todo el esfuerzo que ha realizado en la revisión de este e-book.

Por último, quiero darte las gracias a ti, querido lector, (aunque es probable que no leas este capítulo) por darle una oportunidad a este pequeño libro. Espero que te aporte algo de valor.

---

[1]https://twitter.com/carlosble

Referencias

- Clean Code: A Handbook of Agile Software Craftsmanship de Robert C. Martin[1]

- Clean Architecture: A Craftsman's Guide to Software Structure and Design de Robert C Martin[2]

- The Clean Coder: A Code of Conduct for Professional Programmers de Robert C. Martin[3]

- Test Driven Development. By Example de Kent Beck[4]

- Extreme Programming Explained de Kent Beck[5]

- Implementation Patterns de Kent Beck[6]

- Refactoring: Improving the Design of Existing Code de Martin Fowler[7]

- Design patterns de Erich Gamma, John Vlissides, Richard Helm y Ralph Johnson[8]

---

[1]https://amzn.to/2TUywwB
[2]https://amzn.to/2ph2wrZ
[3]https://amzn.to/2q5xgws
[4]https://amzn.to/2J1zWSH
[5]https://amzn.to/2VHQkNg
[6]https://amzn.to/2Hnh7cC
[7]https://amzn.to/2MGmeFy
[8]https://amzn.to/2EW7MXv

- Effective Unit Testing de Lasse Koskela[9]

- The Art of Unit Testing: with examples in C# de Roy Osherove[10]

- JavaScript Allonge de Reg "raganwald" Braithwaite[11]

- You Don't Know JS de Kyle Simpson[12]

- Diseño Ágil con TDD de Carlos Blé[13]

- Testing y TDD para PHP de Fran Iglesias[14]

- Cursos de Codely.TV[15]

- Repositorio de Ryan McDermott[16]

- Guía de estilo de Airbnb[17]

- El artículo "From Stupid to SOLID code" de Willian Durand[18]

- Blog Koalite[19]

- El artículo de Software Crafters: "Programación Funcional en JavaScript" de Jose Manuel Lucas[20]

- Conversaciones con los colegas Carlos Blé, Dani García, Patrick Hertling y Juan M. Gómez[21].

[9] https://amzn.to/2VCcsbP
[10] https://amzn.to/31ahpK6
[11] https://leanpub.com/javascript-allonge
[12] https://amzn.to/2OJ24xu
[13] https://www.carlosble.com/libro-tdd/?lang=es
[14] https://leanpub.com/testingytddparaphp
[15] https://codely.tv/pro/cursos
[16] https://github.com/ryanmcdermott/clean-code-javascript
[17] https://github.com/airbnb/javascript
[18] https://williamdurand.fr/2013/07/30/from-stupid-to-solid-code/
[19] http://blog.koalite.com/
[20] https://softwarecrafters.io/javascript/introduccion-programacion-funcional-javascript
[21] https://twitter.com/*jmgomez*